मल्लिका का रचना-संसार

मल्लिका का रचना-संसार

संकलन-सम्पादन

वसुधा डालमिया

राजकमल प्रकाशन

ISBN : 978-93-90971-93-0

मूल्य : ₹595

पहला संस्करण : 2022

प्रकाशक : राजकमल प्रकाशन प्रा. लि.
1-बी, नेताजी सुभाष मार्ग, दरियागंज
नई दिल्ली-110 002

शाखाएँ : अशोक राजपथ, साइंस कॉलेज के सामने, पटना-800 006
पहली मंजिल, दरबारी बिल्डिंग, महात्मा गांधी मार्ग, प्रयागराज-211 001
36-ए, शेक्सपियर सरणी, कोलकाता-700 017

वेबसाइट : www.rajkamalprakashan.com
ई-मेल : info@rajkamalprakashan.com

मुद्रक : बी.के. ऑफसेट
नवीन शाहदरा, दिल्ली-110 032

MALLIKA KA RACHNA SANSAR
Compilation & Editing by Vasudha Dalmia

मल्लिका का रचना-संसार

क्रम

हिन्दी उपन्यास की एक और वंशावली
बनारस की मल्लिका देवी

वसुधा डालमिया

कभी-कभी ऐसा भी होता है कि एक लेखिका की जीवन-कथा उसके लेखन के बराबर महत्त्वपूर्ण हो जाती है। उसका अपना वजूद, चाहे वह कितना भी धुँधला क्यों न हो, एक तरह से उसके लेखन का ही घटक बन जाता है। ग़रज़ कि उसकी जीवन-कथा उसके कथा-लेखन का हिस्सा हो जाती है और उसकी कृतियों के विषय सामाजिक व्यवस्था की कगार पर उसके अपने संकटपूर्ण अस्तित्व को मार्मिक तरीक़े से ग़ौरतलब बना देते हैं। मैं यहाँ मल्लिका की बात कर रही हूँ, एक कवि और उभरती हुई उपन्यासकार जो एक ऐसे समय में उपन्यास लिखने की कोशिश कर रही थीं जब आन्तरिक अनुभूतियों, व्यक्तिगत द्वंद्व, और सामाजिक मंच की भाषा हिन्दी में ईज़ाद की जा रही थी। वे बंगाल से थीं। हमारे पास एक तस्वीर है जो शायद उन्हीं की है—लम्बी और थोड़ी तिरछी आँखों वाली एक सुन्दर युवती, जो आकर्षक मुद्रा में अनुनयकर्ता भारतेन्दु हरिश्चन्द्र के पास बैठी हुई हैं। उनके लम्बे बाल कंधों पर फैले हुए हैं, वे सादे कपड़ों में हैं, कोई दिखावटी आभूषण नहीं है। अपने पहनावे-ओढ़ावे से वे एक भद्र महिला जान पड़ती हैं।

मल्लिका अपने साथ कलकत्ता की, जो ब्रिटिश भारत के तीन प्रेज़िडेंसी शहरों में से सांस्कृतिक रूप से सबसे जीवन्त शहर था, प्रगतिशील धाराओं का ज्ञान लेकर आई थीं। उन दो उपन्यासों का, जो सम्भवत: उनके द्वारा ही लिखे गए थे, देशकाल शहरी है—एक में तो साफ़ तौर पर और दूसरे में

अनुमानतः। उनकी शहरी सेटिंग एक ऐसे विमर्श को सम्भव बनाती है जो आने वाले समय की सामाजिक रीतियों और रुझानों का पूर्वानुमान कराता है।

मल्लिका का शुरुआती काम बनारस के भारतेन्दु हरिश्चन्द्र (1850-1885) से अन्तरंग रूप से जुड़ा हुआ है। वे उनके रक्षक और संरक्षक थे। परम्परा और नवाचार, दोनों से प्रतिबद्ध, पुराने अभिजन का हिस्सा होते हुए भी उनके रीति-रिवाजों से विरोध रखने वाले हरिश्चन्द्र ने स्त्री प्रश्न पर कई तरह के मत प्रकट किए हैं, जैसा कि मैंने अन्यत्र दिखाया है।[1] लेकिन उन्होंने अपने नाम से प्रकाशित एक उपन्यास में, जिसका श्रेय बाद में मल्लिका को दिया गया, ऐसे प्रगतिशील रीति-रिवाजों का पक्ष लिया है जो उनके अपने समय में सम्भव नहीं थे।

हरिश्चन्द्र की बनारस में बहुत विशिष्ट स्थिति थी। वे शहर के व्यापारिक प्रभुवर्ग से थे। अपने पिता की तरह उन्होंने शहर के सांस्कृतिक जीवन में एक नेतृत्वकारी भूमिका निभाई और उनके यहाँ जमने वाली कवियों की महफ़िलें और संगीत संध्याएँ अपने समय में मशहूर थीं। मल्लिका अकेली स्त्री नहीं थीं जिसके साथ उनके सम्बन्ध थे, लेकिन मल्लिका का उनके जीवन में विशेष स्थान था।

हरिश्चन्द्र की कई साहित्यिक कृतियाँ मल्लिका के साथ लिखी गई हैं। कहा जाता है कि दोनों एक ही उम्र के थे; जब हरिश्चन्द्र 23 साल के थे, और कुछ लोगों के अनुसार 15 के, तभी से मल्लिका उनके संरक्षण में आई थीं। उनके प्रारम्भिक जीवन के बारे में हमारी जानकारी लगभग नगण्य है। वे सम्भवतः बाल-विधवा या परित्यक्ता थीं जो शायद बनारस या शायद बंगाल में उनसे मिली थीं—जैसा कि प्रसिद्ध सौन्दर्यशास्त्री और कला आलोचक, भारतेन्दु के जीवन के अधिकारी विद्वान, रायकृष्ण दास (1976) मानते हैं।[2] मल्लिका के उपन्यासों में से दूसरा उपन्यास एक बाल-विधवा के भाग्य की मार्मिक कथा कहता है। हो सकता है, विधवा जीवन की व्यथा की जानकारी उन्हें अपने जीवन से मिली हो। वे अपने साथ शिक्षा, संस्कृति और एक संस्कारी लेखनी लाई थीं। रायकृष्ण दास के अनुसार, हरिश्चन्द्र ने अपने छोटे भाई गोकुलचन्द्र को 1882 में लिखे

1. देखें, Dalmia, "Generic Questions".
2. देखें, रायकृष्ण दास, 'नेह के दीवाने'।

एक पत्र में यह स्वीकार किया था कि उन्होंने मल्लिका को अपने जीवन में विधिपूर्वक अपनाया था। वे चन्द्रिका के नाम से लिखती थीं, जो कि हरिश्चन्द्र के नाम के आख़िरी हिस्से से ही व्युत्पन्न था। उनके नाम पर ही हरिश्चन्द्र ने अपनी पहली पत्रिका का नाम *हरिश्चन्द्र मैगजीन* से बदलकर *हरिश्चन्द्र चन्द्रिका* कर दिया था। लिहाज़ा, यह अनुमान लगाना शायद ग़लत न होगा कि वे इस उद्यम में, और साथ ही अनेक ऐसे उद्यमों में भारतेन्दु की सहयोगी थीं। भारतेन्दु की अनेक साहित्यिक रचनाओं में उनके नाम को लेकर शब्द-क्रीड़ा की गई है। अपनी कविताओं के संग्रह *प्रेम तरंग* (1877) में भारतेन्दु ने छियालीस बंगाली पदों को शामिल किया जो मल्लिका द्वारा रचे गए थे। ये प्रेम कविताएँ हैं जिनमें से कुछ कविताएँ कृष्ण को सम्बोधित हैं और अक्सर रचनाकार के नाम के तौर पर इनमें 'चन्द्रिका' का उल्लेख है, हालाँकि कहीं-कहीं हरिश्चन्द्र का नाम भी है।[1]

मल्लिका को तीन उपन्यासिकाओं का बंगाली से अनुवाद या पुनर्सृजन करने का श्रेय दिया जाता है। गोपाल राय ने मल्लिका के प्रकाशनों पर सबसे ठोस जानकारी दी है। उन्होंने भी उन्हें तीन कृतियों का श्रेय दिया है। इनमें से पहली *राधारानी* है जिसकी मूल रचना (1877) बंकिम चन्द्र द्वारा लिखित एक छोटा रोमांस है जो *किसी पतिप्राण अबला* द्वारा 1883 में अनूदित और प्रकाशित हुआ था।[2] दूसरी *सौन्दर्यमयी* है जो रचना के मुखपृष्ठ के अनुसार बंगाली से ही किया गया एक और अनुवाद है, हालाँकि मूल रचना का अभी तक पता नहीं लगाया जा सका है। यह उनके नाम से ही 1887 में प्रकाशित हुआ और बनारस में अमर यंत्रालय से मुद्रित हुआ था। और अन्त में, *चन्द्रप्रभा और पूर्णप्रकाश* हरिश्चन्द्र के नाम के साथ खड्गविलास प्रेस से 1888 में (1889 नहीं, जैसा कि गोपाल राय का मानना है) प्रकाशित हुआ, जैसा कि उपलब्ध प्रति के मुखपृष्ठ पर स्पष्ट रूप से घोषित है।[3]

1. यह पहली बार हरिश्चन्द्र की साहित्यिक पत्रिका *कविवचनसुधा* में 9 अप्रैल, 1877 को आया, बाद में मल्लिकाचन्द्र एंड कम्पनी द्वारा प्रकाशित हुआ जो कि मल्लिका के साथ मिलकर हरिश्चन्द्र द्वारा स्थापित किया गया प्रेस था। इसका पाठ *ग्रंथावली* II में पृष्ठ 177-220 पर देखा जा सकता है।
2. बनारस : मल्लिकाचन्द्र एंड कम्पनी।
3. इसी प्रेस ने 1921 में एक और संस्करण प्रकाशित किया। बिना तिथि का एक संस्करण भी है जो बनारस में हरि प्रकाश यंत्रालय द्वारा प्रकाशित हुआ था। गोपाल राय के →

मल्लिका, सम्भवतः, हरिश्चन्द्र की स्त्री-केन्द्रित अल्पायु पत्रिका *बालाबोधिनी* के कई लेखों में सह-लेखिका थीं, और *कुलीन कन्या अथवा चन्द्रप्रभा और पूर्णप्रकाश* का अगर पूरी तरह से लेखन नहीं तो निश्चित रूप से सह-लेखन तो उन्होंने किया ही था। उन्होंने जिस तरह का प्रगतिशील साहित्यिक लेखन किया, उसके लिए उन्हें निस्सन्देह हरिश्चन्द्र के नाम और समर्थन की ज़रूरत थी। अपने औपन्यासिक लेखन में वे मध्यवर्गीय गृहिणी, शिक्षित और सुसंस्कृत जीवनसाथी तथा माता—वास्तव में, बंगाली उपन्यासों और कहानियों की भद्र महिला—के नये घरेलू आदर्श की सिफ़ारिश करती हैं। व्यक्तिगत रूप से उन्हें इनमें से किसी भूमिका को निभाने का मौक़ा नहीं मिला।

यहाँ मैं मल्लिका के नाम से जुड़े तीन उपन्यासों में से दो की समीक्षा करूँगी। सबसे पहले उनके मुकम्मल औपन्यासिक प्रयासों में से अन्तिम, *कुलीन कन्या अथवा चन्द्रप्रभा और पूर्णप्रकाश* (1888) की चर्चा होगी। यह एक प्रेम कहानी है लेकिन साथ ही समाज-सुधार का एक साहसिक उपन्यास भी है जो आत्मीयता और धिक्कार के सुरों के बीच आवाजाही करता है। यह हरिश्चन्द्र के जीवित रहते उनके नाम से प्रकाशित हुआ था, यानी 1885 से पहले, यद्यपि हमारे पास उसका कोई रिकॉर्ड नहीं है। उसके बाद मैं उनके दूसरे उपन्यास, *सौन्दर्यमयी* पर विचार करूँगी, जो कि घोषित तौर पर मल्लिका की लेखनी से निकला है।[1] दोनों उपन्यास उस समय की प्रचलित सामाजिक मान्यताओं की ज़बरदस्त मुख़ालफ़त करते हैं। मैं *चन्द्रप्रभा और पूर्णप्रकाश* से शुरुआत इसलिए कर रही हूँ कि यह *सौन्दर्यमयी* के बाग़ी स्वर को सही जगह पर रखकर देखने में मदद करेगा।

कुलीन कन्या अथवा चन्द्रप्रभा और पूर्णप्रकाश अनुवाद नहीं है; यह घोषित रूप से उपन्यास है जो कि आधुनिक हिन्दी में बहुत धीरे-धीरे प्रचलित होती एक विधा थी। 1860 के दशक में शुरू हुई इस विधा में लेखन करना

अनुसार, हरिश्चन्द्र के पोते ब्रजरत्नदास यह मानते थे कि यह कृति मूलतः 1880 में लिखी गई थी और इसकी भाषा को हरिश्चन्द्र ने दुरुस्त किया था।

1. श्री हरिश्चन्द्र संवत् 3 में प्रकाशित; ऐसा प्रतीत होता है कि मल्लिका ने जनवरी 1885 में हरिश्चन्द्र की मृत्यु को आधार बनाकर इसका प्रकाशन-वर्ष दिया था, और इस लिहाज़ से यह प्रकाशन-वर्ष 1887 या 1888 होना चाहिए।

एक कष्टसाध्य प्रक्रिया थी। ज़्यादातर शुरुआती प्रयास आधुनिक भाषाओं में पाठ्यपुस्तकों की ज़रूरत को पूरा करने के मक़सद से किए जाते थे। औपनिवेशिक शिक्षा प्राधिकरण अक्सर ऐसे प्रयासों के लिए छोटे-मोटे नगद इनाम भी देते थे। ब्रिटिश राज्याश्रय सम्मानजनक माना जाता था और नगदी प्रोत्साहन के प्रति ज़बरदस्त आकर्षण तो था ही![1] नतीजा यह कि लाला श्रीनिवास दास की *परीक्षागुरु* जैसी कृतियों के पीछे बलवती शैक्षणिक प्रेरणा थी जिसने कि *बालाबोधिनी* जैसी पत्रिकाओं में प्रस्तुत किए गए मत का कमोबेश वैधीकरण और पुनर्बलन किया। आधुनिक हिन्दी के साहित्यिक इतिहासों में इन उपन्यासों के शीर्षक और लेखकों के नाम नियमपूर्वक दर्ज किए जाते हैं ताकि आगे बीसवीं सदी के अधिक सुपरिचित उपन्यासकारों पर विस्तार से विचार किया जा सके। ये उपन्यास पुरुषों द्वारा लिखे गए हैं।

अलबत्ता, उपन्यास के जन्म की एक और जीनिऑलॉजी है, जिसे साहित्यिक इतिहास-लेखन ने अब तक अनदेखा किया है और उसकी वजह शायद यह है कि यह न सिर्फ़ एक स्त्री के द्वारा, बल्कि सामाजिक रूप से हाशिये पर स्थित स्त्री द्वारा लिखे गए हैं। *चन्द्रप्रभा और पूर्णप्रकाश* का रुख सीधा बंगाली से आया जान पड़ता है जहाँ बंकिम चन्द्र (1838-1894) के लेखन में उपन्यास मनोरंजन, समाज-विकास और शिक्षा, तीनों के लिए काम आने वाली एक परिष्कृत विधा के रूप में विकसित हुआ था। हरिश्चन्द्र के नाम से प्रकाशित इस उपन्यास की पैदाइश इसी वंश-परम्परा में हुई थी। इसकी शैली सीधी और तेज़ रफ़्तार वाली है और बहुत छोटी-सी भूमिका के बाद यह सीधे कथा में उतर आती है। यह भूमिका उपन्यास की नायिका चन्द्रप्रभा का कामोद्दीप्त वर्णन है (एक बार फिर, लेखकों में से एक के नाम के साथ किया गया खेल ग़ौरतलब है)। इस तरह यह कृति एक क्लासिक जीनिऑलॉजी का दावा पेश करती है; यह दंडी की सातवीं सदी की आलंकारिक गद्य कृति *दशकुमारचरित* की याद दिलाती है जिसकी शुरुआत ऐसे ही एक वर्णन से हुई है। हमारी कृति चन्द्रप्रभा के सौन्दर्य का वर्णन परम्परागत ऐन्द्रिय शब्दावली में करती है : "निविड़ कृष्ण कुंचित कुंतलजाल नितंब के ऊपर गिरकर मेघमाला की भाँति शोभा कर रहा है।

1. पुरस्कारों पर एक चर्चा के लिए देखें, ए.एस. कलसी का 'परीक्षागुरु', और हिन्दी की आरम्भिक उपन्यासों के शिक्षाशास्त्र पर मेरा 'Generic Questions'।

तप्तकांचननिभ उज्ज्वल गौर कान्ति विद्युत की प्रभा विकीर्ण कर रही है।" शैली के स्तर पर शास्त्रीय संस्कृत के साथ-साथ स्पष्टतः आधुनिक प्रभाव कृति पर दिखलाई पड़ते हैं, क्योंकि मुखपृष्ठ पर ही इसे एक उपन्यास कहा गया है। पर कथानक की रूपरेखा बहुत स्पष्टता के साथ गढ़ी गई है, चरित्र-चित्रण संक्षिप्त हैं, और कार्यव्यापार तेज़ी से प्रस्तुत किया गया है।

यह उपन्यास सम्भवतः 1885 से पहले लिखा गया था जब हरिश्चन्द्र जीवित थे। इसे एक हिन्दी संकलन *भाषासार* (प्रथम प्रकाशन : 1884) में शामिल किया गया था। हालाँकि बाद के कुछ आलोचक इसे भी अनुवाद कहते हैं, यह अनुवाद के रूप में पेश नहीं किया गया है। यद्यपि यह हरिश्चन्द्र के नाम से प्रकाशित हुई है, बाद के वृत्तान्त से हमें पता चलता है कि हरिश्चन्द्र की भागीदारी बस इतनी ही थी कि उन्होंने मल्लिका की हिन्दी पर हावी बंगाली मुहावरे को दुरुस्त किया था। बाद की परम्परा इस बारे में एकमत है कि यह उपन्यास मुख्यतः मल्लिका की कृति है।

कथा को हिन्दी-उर्दूभाषी लखनऊ में घटित होते दिखाया गया है। 1857 के विद्रोह के बाद लखनऊ एक उप-प्रान्तीय शहर में अपघटित हो गया था, लेकिन यहाँ भी धीरे-धीरे आधुनिकीकरण की निशानियाँ दिखाई देने लगी थीं। यही प्रगतिशील शहरी सेटिंग चन्द्रप्रभा की माँ और मामा जैसे प्रगतिशील सोच वाले चरित्रों की मौजूदगी, और युवा जोड़े की आधुनिक रोमांटिक आकांक्षाओं के लिए फ्रेम मुहैया कराती है। कथा में लड़कों के लिए नव-स्थापित कैनिंग कॉलेज का हवाला भी आता है। लेकिन, इन मोटी-मोटी सूचनाओं के अलावा शहरी वातावरण के और ब्योरे नहीं मिलते। निश्चित रूप से, मल्लिका ने उपन्यास में अपना काफ़ी-कुछ दिया है; डिज़ाइन, टोन और उद्देश्य में एकरूप उपन्यास के दो ऐसे टुकड़े हैं जो उनकी शैली और लेखकत्व की पुष्टि करते हैं।[1] वे रूमानी प्यार, उसकी असम्भवता और युवा स्त्री-पुरुष के सामाजिक मेल-जोल से जुड़ी वर्जनाओं से वाबस्ता हैं।

---

1. दूसरी पांडुलिपि जो सम्भवतः उनकी हस्तलिपि में और उनकी बंगाली-प्रभावित हिन्दी में है, लगभग एक सौ साल बाद मिली। इस कृति पर (जो दो अपूर्ण कृतियों का योग प्रतीत होती है) और जानकारी के लिए देखें, बटे और चन्द्रा की 'मल्लिका', साथ ही 'कुमुदिनी' शीर्षक से छपे इसके लम्बे अंश।

चन्द्रप्रभा और पूर्णप्रकाश साहसिक, आत्मविश्वासी और ख़ुशमिज़ाज अन्दाज़े-बयाँ में लिखी गई कथा है। इसमें ग्यारह छोटे और सुगठित अध्याय हैं। वे सम्मानित कृतियों—वैष्णव धर्मग्रंथों, तुलसीदास, नन्द दास और ब्रजभाषा के बिहारीलाल जैसे शीर्षस्थ कवियों—के उद्धरणों से सुसज्जित हैं जो कृति को साहित्यिक दृष्टि से सम्मानजनक बनाते हैं। शुरुआत में कथा थोड़ी डगमगाती है, चूँकि यह संप्रेषणीय सूचनाओं को व्यवस्थित करने में हमेशा समर्थ नहीं है, और बाज़ दफ़ा चरित्रों का परिचय कराने में बेसलीक़ा भी है। लेकिन ज़रूरी जानकारी के दो शब्द ख़त्म होते ही रफ़्तार बढ़ जाती है। भाषा का स्वतःस्फूर्त और सरल उपयोग हुआ है, संवादों की आदान-प्रदान की गति तीव्र है और अनुभूतियों के अनात्मसजग विवरण हैं जो कभी भी अतिभावुक नहीं होते। भाषा संस्कृतनिष्ठ है, जो बंकिम चन्द्र की याद दिलाती है, जबकि संवाद अधिक स्थानीय हिन्दी में हैं।[1]

कथा अपने समय के हिसाब से ढली जान पड़ती है और तेज़ी से कही गई है। चन्द्रप्रभा चार बार विवाह कर चुके एक कुलीन कान्यकुब्ज ब्राह्मण की बेटी है।[2] उस ब्राह्मण को एक पत्नी से एक बेटा और एक बेटी है, दूसरी से सिर्फ़ एक बेटी, और शेष दोनों बाँझ हैं। वह बेटा और बेटी जनने वाली पत्नी के साथ रहता है। दूसरी पत्नी गुणमंजरी, जिसकी इकलौती बेटी का नाम चन्द्रप्रभा है, लखनऊ में अपने भाई के साथ रहती है। चन्द्रप्रभा अब विवाह के योग्य हो गई है, लेकिन उसके लिए अपने पिता की जातिगत हैसियत के अनुरूप वर मिलना कठिन है। वह एक युवक, पूर्णप्रकाश से प्यार करने लगी है और वह भी उसे प्यार करता है। वह लखनऊ के कैनिंग कॉलेज में पढ़ता है। वह चन्द्रप्रभा के पड़ोस में रहने वाली अपनी बहन के यहाँ आता-जाता है और इसी सिलसिले में दोनों एक-दूसरे को देखा करते हैं। इस सम्बन्ध में ग़ौर करने लायक़ तथ्य यह है कि उपन्यास के केन्द्र

1. बंकिम की भाषा पर देखें, अनुवादक की भूमिका, The Poison Tree.
2. उन्नीसवीं सदी के उत्तरार्ध में बंगाल के कुलीन ब्राह्मणों के बीच प्रचलित बहुविवाह की प्रथा को लेकर तीखी बहस थी। उस जाति में उपयुक्त वर दुर्लभ होने के कारण वे अनेक स्त्रियों से विवाह करते थे, और वे स्त्रियाँ विपन्नता और अभाव का जीवन गुज़ारने के लिए अभिशप्त होती थीं। और बातों के अलावा इस बात का एक आसन्न ख़तरा हमेशा रहता था कि बीमारी, दुर्घटना या महज़ बुढ़ापे के कारण ऐसे एक व्यक्ति की मृत्यु हो जाए तो एक साथ कई स्त्रियाँ अल्पावस्था में ही वैधव्य को प्राप्त हो जाएँ।

में जो प्रेम-मिलन है, वह चाक्षुष सौन्दर्य और आकर्षण का नतीजा है। चन्द्रप्रभा युवा नायक को देखते ही उसे प्यार करने लगती है : 'प्रणय सदा इसी भाँति आरम्भ दर्शनमात्र ही से होता है।' यही दूसरी तरफ़ भी होता है। पूर्णप्रकाश उसे देखता है और प्यार में गिरफ़्तार हो जाता है। दोनों एक-दूसरे को इससे ज़्यादा नहीं जानते।

प्यार में पड़ने का यह तरीक़ा मध्य अठारहवीं सदी से उन्नीसवीं सदी तक विकसित हुए ब्रिटिश उपन्यासों में चित्रित रूमानी प्यार से बिलकुल उलट है। जैसा कि नैन्सी आर्मस्ट्रांग ने *डिज़ायर एंड डोमेस्टिक फ़िक्शन* में दिखाया है, सैमुएल रिचर्डसन (1689-1761) के पत्रात्मक उपन्यासों से चलकर जेन ऑस्टिन (1775-1817) और शेर्लोट ब्रॉन्टे (1816-1855) तथा एमिली ब्रॉन्टे (1818-1848) की कृतियों से होते हुए, "उपन्यास ने मानव स्वभाव को समझने के लिए बढ़ती हुई मनोवैज्ञानिक जटिलताओं वाली भाषा पैदा की" (253)। सतही शारीरिक सौन्दर्य से ज़्यादा मनोवैज्ञानिक गहराई और नैतिक गुण हैं जो एक व्यक्ति को आकर्षक बनाते हैं; स्त्री और पुरुष का अन्तर उनके मन के सापेक्षिक गुणों से तय होता है। उपन्यास एक या दूसरी तरह के कार्यव्यापार पर केन्द्रित होने के बजाय अन्तरंग निजी गुणों और आत्मनिष्ठता की बारीकियों को चित्रित करते हैं। नायिका के नैतिक गुण सामाजिक विभेदों पर विजय हासिल करते हैं। दूसरी ओर, हिन्दी उपन्यास में इस आरम्भिक चरण में प्रधानतः शारीरिक आकर्षण पर आधारित किन्तु समाज द्वारा अन-अनुमोदित प्रेम के सामाजिक द्वंद्व और उस बाधा को पार करने के छल-बल पर ध्यान केन्द्रित होता है।

चन्द्रप्रभा के पिता उसके भाग्य के प्रति उदासीन हैं। यह साफ़ तौर पर एक अभागा प्यार होने जा रहा है चूँकि पूर्णप्रकाश थोड़े निचले दर्जे का ब्राह्मण है। यह अन्तर उनके मिलन को आधिकारिक तौर पर असम्भव बनाने के लिए काफ़ी है। माँ ही बेटी के लिए गहरी सहानुभूति रखती है और अनुमान लगा लेती है कि उसके दिल में क्या हो रहा होगा। उपन्यास का सम्भावित मूल बंगाली लेखक स्त्री हो या पुरुष, हिन्दी पुनर्रचना लगभग पूरी तरह से स्त्री के नज़रिये से हुई है। पहला अध्याय माँ-बेटी के बीच एक मर्मस्पर्शी दृश्य का चित्रण करता है, यही रिश्ता उपन्यास के केन्द्र में है और कथा में सबसे पहले इसकी ओर ही संकेत किया गया है। बंकिम का उपन्यास

राधारानी, जिसका अनुवाद मल्लिका ने ही किया था—हालाँकि वह अब उपलब्ध नहीं है—माँ-बेटी के रिश्ते से ही शुरू होता है जहाँ एक समर्पित बेटी मरती हुई माँ की सेवा करती है। चन्द्रप्रभा की कथा में हम शुरुआत में उसे खिड़की पर बैठकर पड़ोस में झाँकते हुए देखते हैं। माँ अपनी रोती बेटी का चिबुक हाथ में लेकर कहती है : "बेटी, चिन्ता करके क्या करोगी, अदृष्ट का लिखा कौन मिटा सकता है?"

लेकिन शुरू में हतोत्साह करने के बाद माँ अपनी बेटी की शादी उसकी पसन्द के युवक से करने के लिए राज़ी हो जाती है और इस बात पर दृढ़ बनी रहती है। पिता को एक योग्य वर ढूँढ़ने के लिए कहा गया था, लेकिन उन्होंने इतने समय से इस दिशा में कुछ नहीं किया है। पर जब पूर्णप्रकाश के साथ विवाह तय हो जाता है, तब आख़िरी घड़ी में वे अपनी पसन्द के एक वर को लेकर नमूदार होते हैं। वह बड़ी उम्र का एक स्वजातीय है। पिता ने वर को दहेज देने का वायदा किया है। दहेज को लेकर थोड़ी आना-कानी भी होती है, पर चन्द्रप्रभा इतनी ख़ूबसूरत है कि वर दहेज की बात को किनारे कर देने के लिए राज़ी हो जाता है। वाचक पिता और वर के बीच पैसे की बातचीत को उकेरने में काफ़ी मज़ा लेता है।

चन्द्रप्रभा के माँ और मामा, जिनके साथ वह रहती है, उसका पूरी तरह साथ देते हैं। माँ अपने पति के साथ तीखी नोक-झोंक करती है और दोनों आदमियों को दरवाज़ा दिखा देती है। पिता अपनी पत्नी को मार-पीट कर अपने वश में नहीं कर सकता क्योंकि वह पत्नी के मायके में है—हमें बताया जाता है कि वह इतना पश्चिमी मिज़ाज का नहीं हुआ है कि ऐसी पिटाई के सुख को छोड़ दे। लिहाज़ा वह दूसरा तरीक़ा आज़माता है। पहले तो वह आमरण अनशन की धमकी देता है और फिर सचमुच अनशन पर बैठ जाता है। और एक ब्राह्मण की मौत का कारण बनने से जो पाप लगता है, उसका भय ऐसा है कि माँ को समर्पण करना पड़ता है। लेकिन जिस समय पिता और वृद्ध सम्भावित वर स्त्री के घर के बाहर विवाह होने के इंतज़ार में खड़े होते हैं, अन्दर दोनों युवा प्रेमी पूरे विधि-विधान से विवाह बंधन में बँध जाते हैं। पिता और वृद्ध वर—जिसके बारे में हमें बताया गया है कि वह शादियाँ करने का शौक़ीन है और अब तक ऐसी ग्यारह कुलीन पत्नियाँ कर चुका है—दोनों कठोर शाप देते हैं, जिस पर चन्द्रप्रभा के

मामा, जिन्होंने आगे बढ़कर अपनी बहन और भान्जी के लिए भावनात्मक सरोकार प्रदर्शित किया है, दोनों घुसपैठियों को अपमानित करके घर से हँकाल देते हैं।

हालाँकि अपने युवाकाल से ही परित्यक्ता रही आई माता और विवाह के लिए इच्छुक असमान जातीय दर्जे वाले प्रेमियों के लिए मुश्किलें उस दौर के लिए सामान्य बात थीं, इसके आगे कथा जो मोड़ लेती है, वह सामान्य नहीं है। चन्द्रप्रभा एक ऐसी ख़ुशी चाहती है जो क़ायदे से उसे नसीब नहीं हो सकती। लेखक के लिए उसकी ज़रूरतों को पूरा करने का सबसे अच्छा तरीक़ा उसको एक त्रासद मौत मर जाने देना होता। तब उसे पाठक की सहानुभूति प्राप्त होती और मूल्यों-मान्यताओं को बिना छेड़े वह पाठक को विरेचन का मौक़ा मुहैया कराती।[1] लेकिन उपन्यास की ऊर्जा और तीव्र गति उसे दूसरी ओर ले जाती है। स्त्रियाँ साहसी और ज़िद्दी हैं। उनके संवाद और दाँव-पेच एक नवीन परिप्रेक्ष्य मुहैया कराते हैं। वे पिता और बूढ़े वर की चालों का निर्ममता से पर्दाफ़ाश करती हैं।

माता गुणमंजरी परिवर्तन की मुख्य वाहक है। प्रतिक्रिया और क्रिया को हम उनके नज़रिये से ही देखते हैं :

> चन्द्रप्रभा को कृशांगी देखकर गुणमंजरी को बड़ी चिन्ता हुई। पूर्ण को विदा कर दिया इस कारण अब हृदय आत्मग्लानि से संतापित होने लगा। कितने बार पूर्ण को पत्र लिखने चली और फिर आप ही निरस्त हो रही। जिसको एक बार विदा कर दिया है अब किस मुँह से उसको फिर बुलावै? इसी भाँति जब तीन महीना गत हो गया तब गुणमंजरी नहीं रह सकी और पूर्ण को एक पत्र में उसने लिख भेजा कि ब्याह के सम्बन्ध अब निश्चय हो गया केवल उसके आगमन की प्रतीक्षा है। चन्द्रप्रभा का पति यदि रतिपति सा रूपवान, बृहस्पति सा विद्वान कुल में कुलीनों का अग्रगण्य पात्र ले आवैगा तब भी गुणमंजरी चन्द्रप्रभा को पूर्ण ही के हाथ में समर्पण करेगी।

गुणमंजरी ने यह सोचकर के पूर्ण को पत्र लिखा कि यदि वह अपनी

---

1. इस पर टिप्पणी के लिए मैं पाउला रिचमन की आभारी हूँ। नियमोल्लंघन करनेवाली बंकिम की स्त्री चरित्रों को अक्सर किसी-न-किसी तरीक़े से मौत दे दी जाती है।

> चन्द्रप्रभा को ही सुखी न कर सकी तो उसके जीवन का फल क्या है? कौलीन्य के अनुरोध से वह अपने स्वामी के वर्तमान में भी वैधव्य यंत्रणा न भोगने देगी। (8-9)

और यही चीज़ है जिसे वह करने को चल पड़ती है। उसके रास्ते में उसका पति तरह-तरह की बाधाएँ डालता है। वास्तव में, पूरे आख्यान के दौरान मर्दों की तानाशाही के ख़िलाफ़ एक स्पष्ट प्रतिरोध दिखाई पड़ता है। जब पति एक तीखी बहस के बीच पूछता है कि इतने आराम से रहते हुए उसे क्या कमी है, उसकी ज़रूरतें क्या हैं, तो वह चिल्ला पड़ती है, "कौन बात का दुख है? क्या कमती और दुख यही है कि न तुम मरते हो न हम मरते हैं।" (15) ऐसे प्रतिरोध का सामना होने पर वह उसकी धुनाई कर उसे काबू में करने की सोचता है, पर ऐसा कर नहीं सकता क्योंकि वह उसके मायके में है, जैसा कि वाचक ने व्यंग्यपूर्वक इंगित किया है। इसलिए उसे तर्क और चालबाज़ी पर उतरना पड़ता है। और इन सबके बीच वह और वृद्ध वर, वधू की क़ीमत पर मोल-भाव करते हैं। रहस्योद्घाटन के क्षण में, जब पता चलता है कि उधर ज़नानख़ाने में क्या कुछ हुआ है और वे गंदी गालियाँ देना शुरू करते हैं, तो लड़की के मामा उन्हें औक़ात में ला देते हैं, "निकलो हमारे घर से जितना बड़ा मुँह नहीं उतनी बड़ी बातें करते हो! आज आनन्द के दिन अमंगल शब्द कह रहे हो।" (23)

कृति का कोई स्पष्ट राष्ट्रवादी या किसी अन्य तरह का एजेंडा दिखाई नहीं देता, हालाँकि यह बहुत साफ़ है कि समाज-सुधार का मुद्दा कथा में पूरी तरह से मौजूद है, क्योंकि यह कुलीन ब्राह्मणों की, जिनमें से अधिकांश बंगाली थे, बहुपत्नीक ज़्यादतियों के बारे में है।[1] लेकिन हिन्दू स्त्रियों की दुर्दशा आदि के बारे में कोई भाषणबाज़ी नहीं की जाती। वस्तुतः, इस उपन्यास में नए तरह के प्राधिकरणों का कोई ज़िक्र नहीं आया है, सिवाय एक महत्त्वपूर्ण अवसर के—जब सम्भावित वर और पिता को पता चलता है कि उन्हें छला गया है, तो क्षुब्ध वर मजिस्ट्रेट साहब और कम्पनी बहादुर जैसे औपनिवेशिक अधिकारियों को मदद और हस्तक्षेप के लिए बुलाता

1. हरि प्रकाश प्रेस की प्रति में शीर्षक के नीचे यह भी जोड़ा गया है : *कुलीन विवाह सम्बन्धी एक छोटी-सी आख्यायिका,* जो इस ओर संकेत करता है कि कथा में एक सुधारवादी एजेंडा अन्तर्निहित है।

है। परन्तु यह एक अति-व्याख्या होगी अगर हम इस लघु उपन्यास को पितृसत्तात्मक व्यवस्था को मदद पहुँचाने वाली औपनिवेशिक संस्थाओं पर एक दोषारोपण की तरह देखें। इस कथा में औपनिवेशिक सांस्थानिक प्राधिकार के आह्वान का यह अकेला उदाहरण है। उपन्यास प्रमुखतः स्त्रियों की इच्छाओं, ज़रूरतों, सम्बन्धों और विद्रोह की सशक्त अभिव्यक्ति है, और यह एक ऐसी स्त्री की लेखनी से निस्सृत है जो सम्भवतः न तो पारम्परिक घरेलू जीवन को जानती थी, न ही उससे बग़ावत करने की ज़रूरत को, अगरचे शायद उसे कभी इसके बंधनकारी नियमों के परिणाम भोगने पड़े हों।

मल्लिका के दूसरे उपन्यास *सौन्दर्यमयी* का दूसरा शीर्षक *वियोगांत* उपन्यास है—त्रासद अन्त वाला एक उपन्यास। भावुकता के साथ कही गई यह कथा, अपने शीर्षक की ही तरह, हमें बाल-विधवाओं के त्रासद अन्त को लेकर किसी अनिश्चय में नहीं छोड़ती। 65 पृष्ठों और 22 छोटे अध्यायों की यह सुगठित कथा लगातार तेज़ रफ़्तार में चलती है। इसका कथानक *चन्द्रप्रभा और पूर्णप्रकाश* के मुक़ाबले अधिक विकसित है। इस रोमांस में एक-दूसरे के वास्तविक ज्ञान से उपजे प्रेम को और आपसी संवाद से ज़्यादा दोनों प्रेमियों के दिमाग़ में घटित व्यथा को प्रदर्शित किया गया है। संक्षेप में कथा इस प्रकार है।

अपने माता-पिता की प्रौढ़ अवस्था की संतान, सौन्दर्यमयी एक सुन्दर और नटखट बच्ची है। जब वह सात साल की होती है तो उसकी माँ उसके लिए योग्य वर की चिन्ता करने लगती है और इसीलिए उसकी शादी आठ साल की मासूम उम्र में नौ साल के एक लड़के से कर दी जाती है। वह अपने मायके में रहती है और गाँव के विद्यालय में पढ़ती है। एक दिन जब वह घर आती है तो अपनी माँ को फूट-फूटकर रोते देखती है। सौन्दर्य विधवा हो गई है। अपने त्रासद भाग्य से बिलकुल अनभिज्ञ बच्ची अपने घर में खेलना जारी रखती है। लेकिन जब वह चौदह वर्ष की होती है तो धीरे-धीरे स्त्री बनने के चिह्न दिखाई देने लगते हैं। एक दिन अपनी बदक़िस्मती का पता उसे अपनी सहेली, लावण्यमयी से चलता है। लावण्य उससे कहती है कि अगर उसकी शादी इतनी जल्दी न हुई होती तो वह विधवा न हुई होती। "हाय! तब तेरा ब्याह न हुआ होता तो आज तैं विधवा न होती। तेरा जीवन बृथा गया। तुझको किसी बात का सुख न मिला। स्वप्न की भाँति

सब हुआ। जैसे गुड़िया का खेल।" (11) वर और वधू ने अपनी शादी में सचमुच कठपुतलियों जैसी भूमिका निभाई थी और विवाह-संस्कार लगभग उनकी भागीदारी के बिना ही हो गए थे। वाचक हालात की निरुपायता का वर्णन थोड़ी तफ़सील से करता है, क्योंकि उसी घर में हीरालाल नामक एक सुदूर सम्बन्धी, अनाथ लड़का सोलह वर्षों से रह रहा है। उसे बेटे की तरह पाला गया है। सौन्दर्यमयी और हीरालाल किशोरावस्था में पहुँचने के साथ एक-दूसरे से नए सिरे से परिचित होते हैं।

छठे अध्याय का शीर्षक है, 'आशा का शेष'। माता-पिता के पास बंगाल से एक आदमी आता है जो उन्हें प्रसिद्ध बंगाली समाज-सुधारक और दानवीर ईश्वरचन्द्र विद्यासागर (1820-1891) के बारे में बताता है जिन्होंने 1856 में विधवा पुनर्विवाह क़ानून पारित कराया है। आगन्तुक पिता को बताता है कि विद्यासागर ने ब्रिटिश भारत में विधवा पुनर्विवाह करवाना शुरू कर दिया है जिससे ऐसी दो-तीन शादियाँ बंगाल में नियमित रूप से होती रहती हैं। लेकिन सौन्दर्य का पिता ऐसा करने से आनाकानी करता है। वह कहता है कि अभागी विधवाओं द्वारा गर्भपात कराने जैसी घटनाएँ केवल नीचों के यहाँ होती हैं। मुख्तसर, इसका कोई ख़तरा नहीं कि सौन्दर्य ऐसे दुर्भाग्य को प्राप्त हो। अगले अध्याय में, उसकी सहेली अपने पति हरीदास के साथ सौन्दर्य के दुर्भाग्य की चर्चा करती है और वह चीत्कार कर उठता है : "ईश्वर क्या ऐसा दिन करेगा कि भारत में विधवा विवाह चलेगा? अभी विलम्ब है।" (22) स्पष्टतः इस उपन्यास में समाज-सुधार का एजेंडा है जिसे एक राष्ट्रवादी खाँचे में पेश किया गया है।

अवश्यम्भावी रूप से, सौन्दर्य हीरालाल को चाहने लगती है। एक दिन वह कुछ कविताएँ पढ़ती है जो हीरालाल ने उसकी चाहत में लिखी हैं, और सोचती है : "...हम सोचते थे कि पिता विधवा मत से हमको ब्याह देंगे, हम जिसको चाहते हैं उसको पावैंगे, किन्तु हमारी आशा विफल हुई...हा भगवन्! हा करुणामय! तुम दयामय होकर भी अपनी असंख्य कन्याओं की यह दुर्दशा देखते हो। नाथ! एक बेर भारत की ओर दृष्टि करके देखो।" (25) उसके इस सोच में उसके अपने दुखद अन्त का पूर्वाभास है। हीरालाल उसे अपनी कविता पढ़ते और रोते हुए देखता है, और वे वार्तालाप करते हैं। हीरालाल निडर होकर बात करता है। वह क़सम खाता है कि वह

समाज को परास्त कर उससे विवाह करेगा और जो कुछ उसने सीखा है, उसके आधार पर अपनी जीविका का उपार्जन करेगा। "हम भगवान को साक्षी करके तुमसे ब्याह करेंगे। समाज की भृकुटी चरण से दलित करके तुमको हृदय में रखकर हृदय शीतल करेंगे।" (28) सौन्दर्य उसे कहीं और शादी करने को कहती है और आश्वस्त करती है कि उसकी ख़ुशी में ही वह ख़ुश रहेगी। लेकिन वह सूर्यदेव को साक्षी बनाकर प्रतिज्ञा करता है कि वह उसी से विवाह करेगा। सौन्दर्य की माँ उन्हें सुन लेती है और इस प्रतिज्ञा की गवाह बनने की बात कहती है। इस तरह एक बार फिर हम एक सहानुभूतिपूर्ण माँ को सामने पाते हैं जो सचमुच अपनी बेटी का कल्याण चाहती है। नैन्सी आर्मस्ट्रांग ने *जेन आयर* के प्रसंग में "स्त्री द्वारा सँजोये जाने वाले, सम्बन्धों के विशुद्ध रूप से भावनात्मक नेटवर्क" (4) की बात की है। मल्लिका के दोनों उपन्यासों में हम एक हमदर्द माँ को देखते हैं जो अपनी बेटी की ख़ुशी के लिए समर्पित भाव से योजना बनाती है। रिश्तों का संजाल दोनों उपन्यासों में पूरी तरह से भावना के द्वारा सँजोया जाता है।

लेकिन एक-दूसरे के इतने निकट रहने वाले दो युवा अफ़वाहों को भी जन्म देते हैं जो चतुर्दिक फैल जाती हैं। वालदैन उसे हीरालाल से दूर रहने को कहते हैं लेकिन वह उसका साथ छोड़ने में असमर्थ है। पिता कहते भी हैं कि "प्रणय अग्नि सहज से नहीं बुझती, प्रणयी और पागल एक हैं" (32)। इस तरह वे न सिर्फ़ कुल मिलाकर उपन्यास के, बल्कि विशेष रूप से सौन्दर्यमयी के शब्दों और कार्यों के अति-भावनात्मक टोन की भविष्यवाणी कर देते हैं। वह खाना छोड़ देती है और हर समय रोती रहती है। और इसके बाद उसके साथ एक बड़ी अजीब-सी चीज़ होने लगती है। क्या यह किसी तरह की इच्छा-पूर्ति है? क्या कामना ने उस पर क़ब्ज़ा कर लिया है? सौन्दर्य का पेट बड़ा होने लगता है और गर्भवती होने के अन्य लक्षण भी प्रकट होने लगते हैं। इसकी अनदेखी नहीं की जा सकती और लोगों के बीच उसके बारे में चेहमेगोइयाँ शुरू हो जाती है। दाई उसे इस गर्भ से छुटकारा दिलाने का प्रस्ताव भी उसके सामने रखती है और बताती है कि ऐसा अन्यत्र भी हुआ है (35), लेकिन सौन्दर्य उसे भगा देती है।

उसके पिता अफ़सोस करते हैं कि उन्होंने उसकी शादी हीरालाल के साथ नहीं की। अगर वे कर देते तो दूसरे भी उसका अनुसरण करते और

इससे एक 'नूतन समाज' का निर्माण होता (37)। यही वह चीज़ है जिसकी ओर यह आख्यान हमें प्रेरित कर रहा है। युवा लोगों में हिम्मत की कमी नहीं है, हिचक वालदैन में है। पिता अब अपने को अभिशाप देते हैं : "किन्तु हम घोर मूर्ख, घोर नारकी, घोर स्वार्थी हैं, जगदीश्वर उसका हमको दंड दे रहे हैं" (37-8)। यह ऐसा दोषारोपण है जो, जान पड़ता है, वाचक भी उन पर लगाना चाहता है। पर ऐसी हालत में पिता को घबराहट भी होती है, वे अपनी बेटी को छोड़ दें या समाज को? माँ अपनी बेटी का पक्ष लेती है : दोष उसका नहीं है; वह अपने यौवन के पूर्ण उभार पर है। वह कहती है कि उसकी बेटी गर्भवती नहीं है, उन्हें ठहरकर देखना चाहिए। अगर यह सचमुच गर्भधारण है तो हम कभी भी उसे छोड़ सकते हैं। अलबत्ता, हीरालाल को घर से निकाल दिया जाता है। लेकिन यह सौन्दर्य के घिसटने की शुरुआत भर है। उसे कहीं कोई सुकून नहीं मिलता। एक समय के बाद गर्भावस्था के चिह्न ग़ायब हो जाते हैं, पर गाँववाले कहते हैं कि उसने ज़रूर दाई की मदद ली है। और वे उसके परिवार का उत्पीड़न जारी रखते हैं। फिर सौन्दर्य के पिता उसे घर छोड़ देने के लिए कहते हैं और उसका खाना-ख़र्चा चलाते रहने के लिए आश्वस्त करते हैं।

अपनी सहेली लावण्या के साथ उसका रिश्ता गहरे भावनात्मक स्तर पर है। और वही है जो उसकी मदद के लिए आगे आती है। लावण्या ज़बरदस्त सामाजिक दुस्साहस का प्रदर्शन करते हुए उसे अपने साथ रहने के लिए आमंत्रित करती है। वाचक उसकी भूरि-भूरि प्रशंसा करता है, अनेक विस्मयादिबोधक चिह्नों के साथ : "धन्य लावण्या! धन्य, धन्य!! तुम्हारे हृदय में पवित्र प्रणय है। तुम रमणी रत्न हो! धन्य तुम्हारा प्रेम! धन्य तुम्हारी बन्धुता!" (45)

लेकिन सामाजिक चौकसी हर जगह का यथार्थ है और वह बेरहम है। इसकी हर क्रूरता को यहाँ उघाड़ा गया है। अपनी सहेली के साथ उसका रहना गाँव को पसन्द नहीं आता। लावण्या और उसके पति को वही सामाजिक बहिष्कार झेलना पड़ता है जो सौन्दर्य के माता-पिता को झेलना पड़ा था। हरीदास इस दबाव के आगे झुक जाते हैं। सौन्दर्य एक जगह से दूसरी जगह हँकाली जाने लगती है।

उसे किसी और गाँव में एक वृद्ध रिश्तेदार के यहाँ रहने जाना पड़ता

है। एक अन्धकारमय भविष्य का सामना करते हुए, अपने प्रियजनों से दूर, सौन्दर्य बुझती जाती है; उसमें जीने की इच्छा निःशेष हो जाती है। वाचक ऐसे देश पर आँसू बहाता है : "भारत! तुम्हारे ऊसर हृदय में कमल का विकास क्यों होता है? अधम, नीतिशून्य समाज! तुम्हें कौन विज्ञ कहता है, और हे संसारी! जो अबला के दुख को नहीं समझता उसको संसार में रहना उचित नहीं है!" (50)

उसके माता-पिता आते हैं। वाचक माँ का पक्ष लेता है जब वह कहती है कि एक अबोध विधवा की ख़ुशियाँ तबाह कर दी गई हैं (54)। सौन्दर्य हीरालाल और लावण्या तथा हरीदास को देखना चाहती है; यह उसकी आख़िरी इच्छा है। माँ मदद करना चाहती है, पर पिता को लड़के का पता-ठिकाना मालूम नहीं। अब पिता को पछतावा होने लगता है कि वह समाज से डर गया था और इसी वजह से अपनी बेटी की मदद नहीं कर सका था : "सौन्दर्य का जीवन न रहा तो अब संसार से क्या काम? तब हम समाज ही लेकर क्या करेंगे?" (55) वे एक ऐसे अख़बार में इश्तहार देते हैं जिसके बारे में उन्हें पता है कि हीरालाल उसे पढ़ता है। सौन्दर्य के दोस्त और हीरालाल मौक़े पर आ जाते हैं। माता-पिता हीरालाल के साथ आख़िरी मुलाक़ात के लिए उन्हें अकेला छोड़ जाते हैं। सौन्दर्य हीरालाल का हाथ थाम लेती है; यह मुद्रा महत्त्वपूर्ण है क्योंकि भौतिक स्पर्श एक तरह के मिलन का सूचक है। वह उसे अपने जीवन की साँसों का स्वामी कहती है, और उस दिन को अपनी ख़ुशी का दिन बताती है। इसके बाद वह भगवान को पुकारती है, "हे दयामय! भगवान! हमारी भाँति किसी रमणी को दुख मत देना। निठुर अन्धसमाज का ज्ञान नेत्र खुले अबला निधन का पाप देखै।" (64) और उसका निधन हो जाता है, एक तरह की इच्छा-मृत्यु, लगभग ख़ुदकुशी। यह उसी तरह की मृत्यु है जिसका उसने पहले ही बाल-विधवाओं के दुर्भाग्य के रूप में विलाप किया था। यहाँ वाचक के शब्द हृदय की गहराइयों से निकले हैं : "हे दीनानाथ! तुम क्या अबलाओं पर कृपादृष्टि करोगे? तुम्हारे बिना अबलाओं का नेत्र जल कौन पोंछेगा, भारत की दुखिनी विधवा अबलाओं का दुख तुम्हारे बिना कौन मिटावैगा?" (65)

कथा में मुकम्मल उपन्यास के लायक़ यथेष्ट सघनता और कथात्मक जटिलता नहीं है, लेकिन जटिलता का आभास ज़रूर मिलने लगा है। यहाँ

तीन बिन्दु ध्यान देने लायक़ हैं। पहला, सौन्दर्यमयी का भावनात्मक चरित्र, जो पूरी कथा को रंजित करता है। एक बाल-विधवा के रूप में उसका भाग्य, वह जो भी दिशा ग्रहण करता, सामाजिक द्वंद्व को सामने लाता है। अगर उसे अपने पिता द्वारा दुबारा शादी करने की इजाज़त मिल जाती, तो वह उस सामाजिक परिवेश में एक असाधारण स्थिति निर्मित करती जहाँ इस तरह के मिलन को स्वीकृति अभी तक मिलनी शुरू नहीं हुई है। वह बीमार पड़ जाती है और यहाँ से उसकी गिरावट शुरू हो जाती है, लेकिन उससे पहले एक अजीबो-ग़रीब चीज़ उसके साथ होती है। उसका पेट फूल जाता है, लगभग एक छद्म गर्भावस्था की तरह, जो समाज की प्रताड़ना और प्रतिबन्ध का कारण बनता है जिससे उसके पिता सबसे ज़्यादा डरते हैं। आख़िर में, मानो वह लगभग इच्छा-मृत्यु के द्वारा अन्ततः सबकी अवज्ञा कर जाती है और इस तरह अपना विरोध प्रकट करती है।

दूसरे, कहानी के हर ज़रूरी मोड़ पर भगवान की और भारत में ऐसी सभी स्त्रियों के दुर्भाग्य की बात की गई है, ताकि विशिष्ट को विस्तारित करके उसमें राष्ट्रीय को तथा समान दुर्भाग्य से पीड़ित समस्त स्त्री जाति को शामिल किया जा सके।

तीसरे, एक त्रासद अन्त, उपशीर्षक में पहले ही जिसकी भविष्यवाणी की जा चुकी थी, दुख का एक उदाहरण रचने के लिए इस्तेमाल हुआ है और उसका अन्त करने का आह्वान करता है। यह उद्वेलित करने वाला अन्त पहले उपन्यास के युवा प्रेमियों के सौभाग्य के साथ तालमेल बिठाता है। हम क़रीब-क़रीब यह कह सकते हैं कि इस उपन्यास में हार में जीत निहित है। *चन्द्रप्रभा और पूर्णप्रकाश* का टोन हमें इस उपन्यास में भी उस तरह के सामाजिक बदलाव के लिए, जो ऐसी मौतों की ज़रूरत ख़त्म कर देगा, भगवान से लगभग अवज्ञाकारी ढंग से और बारम्बार की गई वकालत की पहचान करने में भी मदद करता है, ताकि हम इसे परिस्थितियों की स्वाभाविक त्रासदी के लिए ही नहीं, उसके समाधान के लिए भी पढ़ें।

क्या मल्लिका ने इस उपन्यास का सिर्फ़ अनुवाद किया था, या उन्होंने इसे बदला और सजाया-सँवारा भी था? क्या उन्होंने कथा ख़ुद ही बुनी? अगर यह बंगाली से किया गया अनुवाद ही है, तो हमें इस बात पर ग़ौर करना चाहिए कि सेटिंग बंगाल से बाहर की है। यद्यपि बंगाल न सिर्फ़

प्रगतिशील सोच के, बल्कि उसके अनुरूप कार्य के उदाहरण के तौर पर पेश किया गया है। यही इस उपन्यास को, जिस रूप में यह हमें हासिल हुआ है, उत्तर-पश्चिमी प्रान्त का उत्पाद बना देता है—ऐसा क्षेत्र जो पिछड़ा है और सुन्दर, कमज़ोर सौन्दर्यमयी जैसी दुर्भाग्य पीड़िताओं के साथ अपने बर्ताव में हमेशा से क्रूर रहा है।

मल्लिका का अपना अपेक्षाकृत आश्रित जीवन 3 जनवरी, 1885 को हरिश्चन्द्र के गुज़रने के साथ समाप्त हो गया। हरिश्चन्द्र के क़रीबी सहयोगी और फुफेरे भाई, राधाकृष्ण दास—उनकी बुआ के लड़के, जो उन्हीं के घर रहते थे—की फरवरी 1885 की मासिक डायरी से मल्लिका के बारे में कुछ सूचना मिलती है। अपनी अनेक बनारस यात्राओं के दौरान यह डायरी मेरे हाथ लग गई। राजस्थान के वैष्णव तीर्थस्थल नाथद्वारा से मुद्रित इस डायरी में हरिश्चन्द्र के छोटे भाई गोकुलचन्द्र के एक पत्र की प्रतिलिपि भी है जो उन्होंने हरिश्चन्द्र की मृत्यु के दिन, 3 जनवरी, 1885 को लिखी थी। डायरी में उसकी नकल उसी दिन की प्रविष्टि के तौर पर है। इसमें कहा गया है कि हरिश्चन्द्र ने अपनी वसीयत में कहा है कि माधवी (उनकी एक और रक्षिता) और मल्लिका को हरिश्चन्द्र के हिस्से की सम्पत्ति बेचकर वित्तीय मदद की जाए। गोकुलचन्द्र ने, जिनसे हरिश्चन्द्र की आख़िरी इच्छा और वसीयतनामे के बारे में राय पूछी गई थी, माधवी के दावे को फ़ालतू बताया क्योंकि वह एक वेश्या थी जिसके और भी ग्राहक थे। इसके बाद वे कुछ लाइनें मल्लिका के बारे में भी लिखते हैं। वे बताते हैं कि हरिश्चन्द्र को मल्लिका से 'यथार्थ स्नेह' था। हरिश्चन्द्र उसे प्रति माह 21 रुपये दिए जाने का प्रावधान चाहते थे, जिसका पालन करने के लिए गोकुलचन्द्र राज़ी हैं, हालाँकि यह सवाल अपनी जगह है कि यह भुगतान अगर किया भी गया तो कब तक उसका निर्वाह किया जा सका। गोकुलचन्द्र जी के अनुसार, तत्काल उसके लिए एक छोटा घर (क्षुद्र गृह) और एक नौकर का इंतज़ाम करना सम्भव हो सकता है। ये सारी बातें उनके ख़त की नकल से पता चलती हैं।

हमें याद रखना चाहिए कि हरिश्चन्द्र की मृत्यु से पहले मल्लिका ठठेरी बाज़ार के भिखारीदास लेन में हरिश्चन्द्र परिवार के मुख्य घर के दक्षिण में बने हुए एक घर में निस्बतन आराम से रहती थीं। वह घर हरिश्चन्द्र के

अपने भव्य भवन से एक पुल से जुड़ा हुआ था। हरिश्चन्द्र की मृत्यु के समय वे उनकी मृत्यु-शय्या के पास मौजूद थीं और आगे के कुछ वर्ष भी बनारस में रहीं, 1887 या 1888 में *सौन्दर्यमयी* के प्रकाशन तक, जिसके मुखपृष्ठ पर 'हरिश्चन्द्र वर्ष 3' प्रकाशन-वर्ष के रूप में लिखा है। लेकिन उसके बाद वे हमारी दृष्टि से ओझल हो जाती हैं और यह सम्भव है कि उन्होंने जल्द ही लिखना छोड़ दिया हो। मुमकिन है, उन्होंने हरिश्चन्द्र के गुज़रने के बाद विधवा का जीवन जिया हो, और मुमकिन है, वे वृंदावन चली गई हों जो कि परित्यक्ता और अभागी विधवाओं का अन्तिम शरण माना जाता है। उनका अपना दुर्भाग्य सम्भवतः उसी व्यथा को प्रतिबिंबित करता है जिसका दर्दनाक चित्रण उन्होंने सौन्दर्यमयी जैसों के सन्दर्भ में किया था।

लेकिन इतना ज़रूर है कि मल्लिका अपने पीछे स्थायी महत्त्व की साहित्यिक थाती छोड़ गईं। उनकी मौलिकता का विस्तार या सीमाएँ जो भी हों, वे निश्चित रूप से आधुनिक हिन्दी की पहली स्त्री उपन्यासकार के सम्मान की हक़दार हैं। और ऐसी पहली लेखिका होने के सम्मान की भी, जिसने स्त्री के भाग्य को, उसके भावनात्मक अस्तित्व को, उसके नज़रिये को अपने लेखन का केन्द्र बनाया। और शायद ऐसी पहली लेखिका होने के सम्मान की भी, जिसने स्त्रियों के दुर्भाग्य के चित्रण में चुनौती और अवज्ञा का एक सुर जोड़ा।

सन्दर्भ

Armstrong, Nancy, *Desire and Domestic Fiction: A Political History of The Novel* (1987; New York and Oxford: Oxford University Press, 1989)

Chatterjee, Bankim Chandra, *The Poison Tree: Three Novellas*. Translated by Marian Madden and S. N. Mukerjee (Delhi: Penguin Books, 1996)

Dalmia, Vasudha, *The Nationalisation of Hindu Traditions; Harishchandra of Banaras and Nineteenth Century Banaras* (1997; Delhi: Permanent Black, 2010)

Dalmia, Vasudha, "Generic Questions", *Hindu Pasts: Women, Religion, Histories* (Ranikhet: Permanent Black, 2015)

Kalsi, A.S., "*parikashaguru* (1882): The First Hindi Novel and The Hindi Elite", *Modern Asian Studies*, 26/4, 1992

चटर्जी, बंकिमचन्द्र, *बंकिम समग्र*, सं. निहाल चन्द्र वर्मा (बनारस : प्रचारक ग्रंथावली योजना, 1987)

डालमिया, वसुधा, *हिंदू परंपराओं का राष्ट्रीयकरण*, अनु. संजीव कुमार, योगेंद्र दत्त (राजकमल प्रकशन प्रा.लि., नई दिल्ली, 2016)

बटे, कृष्ण, और **चौधरी, गिरीशचन्द्र**, 'मल्लिका : भारतेन्दु की धर्मगृहीता', *साप्ताहिक हिन्दुस्तान*, 17 सितम्बर, 1989

ब्रजरत्नदास, *भारतेन्दु हरिश्चन्द्र* (1935; इलाहाबाद, हिन्दुस्तानी अकादमी, 1962)

मल्लिका, *सौन्दर्यमयी : वियोगांत उपन्यास* (बनारस : अमर यंत्रालय, 1887)

मल्लिका, *कुमुदिनी*, *साप्ताहिक हिन्दुस्तान*, 17 सितम्बर, 1989

रायकृष्ण दास, 'नेह के दिवाने', *धर्मयुग*, 17 अक्टूबर, 1976

राय, गोपाल, *उपन्यास कोश : खंड एक 1870-1917* (पटना : ग्रंथ निकेतन, 1968)

सहाय, शिवानंदन, *हरिश्चन्द्र* (1905; लखनऊ : हिन्दी समिति, उत्तर प्रदेश शासन, 1975)

चन्द्रप्रभा और पूर्णप्रकाश

चंद्रप्रभा और पूर्णप्रकाश

उपन्यास।

भारतभूषण भारतेंदु बाबू हरिश्चन्द्र कृत।

भाषासार द्वितीय भाग (प्रथम संस्करण सन् १८८४) से उद्धृत।

पटना

"खड्गविलास" प्रेस—बांकीपुर।

साहबप्रसाद सिंह ने छापकर प्रकाश किया।

१८८८

पूर्णप्रकाश-चन्द्रप्रभा।

पहला स्तबक

आमुख

'सावन सरित न रुकी करै जो जतन कोऊ अति
कृष्ण गह्यौ जिनको मन ते क्यों रुकहिं अटलगति,
(नंददासजी की पंचाध्यायी)

षोड़शी कुलीन कुमारी चन्द्रप्रभा एक दिन तीसरे पहर निराले में बैठ कर चिन्ता कर रही है। प्रफुल्ल शतदल सदृश मुख प्रतिभा कुम्भला गई है। आंख के पश्चात भाग में दो एक अश्रु बिन्दु दिखलाई पड़ते हैं। निविड़ कृष्ण कुञ्चित कुन्तलजाल नितम्ब के ऊपर गिरकर मेघमाला की भांति शोभा कर रहा है। तप्तकांचननिभ उज्वलगौर कांति विद्युत की प्रभा विकीर्ण कर रही है। चन्द्रप्रभा सिर नीचा करके रोती थी। इसी समय अनति दूर से एक पद ध्वनि चन्द्रप्रभा के कान में पड़ी। चन्द्रप्रभा चौंककर दरवाज़े की ओर देखने लगी। देखा कि उसकी माता गुणमञ्जरी आती है। चन्द्रप्रभा सावधान होकर आंख का जल पोंछ कर एक सूई लेकर कुछ सीने लगी। गुणमञ्जरी ने घर में प्रवेश करके चतुर्दिक अवलोकन किया और चन्द्रप्रभा के पास जा-कर बैठ गई। चन्द्रप्रभा ने मुंह उठा कर नहीं देखा सीती ही रह गई। मानो देर से वह सूचीकार्य ही में नियुक्त है। गुणमञ्जरी ने कुछ देर तक चुप रह कर पूछा, "चन्द्रप्रभा! ऐसी चुप होकर क्यों बैठी है?" चन्द्रप्रभा मुंह उठा कर कुछ हंसी, अपने मन में समझी कि हंसने से माता हमारे मन का भाव न समझेगी। किन्तु वह चेष्टा निष्फल हुई। गुणमञ्जरी ने उस के मुंह पर स्पष्ट विपन्नता के चिन्ह देख कर फिर पूछा, "आज तुझे क्या हुआ है?" चन्द्रप्रभा ने मुंह उठाकर फिर हंसना चाहा किन्तु आशानुरूप फल कार्य नहीं हुई, उलटा हंसी के साथही दोनों आंखसे दो धारा बहने लगी। चांदनी और जल एक साथही दिखलाई पड़े। गुणमञ्जरी चन्द्रप्रभा की ठुड्डी अपने हाथ पर रख कर बोली "बेटी चिन्ता कर के क्या करोगी, अदृष्ट का लिखा कौन मिटा सकता है? माता की सकरुण बात सुन कर चन्द्रप्रभा पूर्वापेक्षा अधिक रोने लगी।

चन्द्रप्रभा कुलीन कान्यकुब्ज की कन्या है। जन्मावधि से मातामह के यहां ही रहती है। उसके पिता का चार ब्याह हुआ था उसमें एक स्त्री के गर्भ से एक पुत्र और एक कन्या का जन्म हुआ था, और तीनों में दो को सन्तानादि नहीं हुए। चन्द्रप्रभा माता को चन्द्रप्रभा एकमात्र सन्तान थी ! उसके पिता का नाम आनन्द विग्रह था। आनंदविग्रह जिस स्त्री के गर्भ से एक पुत्र और एक कन्या का जन्म हुआ था, उसी को लेकर संसार करते थे और तीन का कभी समाचार भी नहीं लेते थे। क्रमसे चन्द्रप्रभा विवाहयोग्य हुई। इससे उस के मामा ने आनन्दविग्रह को पात्र अनुसन्धान करने को पत्र लिखा। आनन्दविग्रह ने उन पत्र में मनोयोग ही नहीं दिया। क्योंकि वह समझे हुए था कि चन्द्रप्रभा को सत्पात्र को देना उसके मामा का आवश्यकीय कर्म है। वस्तुत: चन्द्रप्रभा का मातुल भी पत्र लिख कर निश्चेष्ट नहीं था। वह आप भी पात्र अनुसन्धान करने लगा। बहुत खोजा किन्तु आनंदविग्रह के कुल के उपयुक्त कोई पात्र नहीं मिला।

इन्हीं दिनों में गुणमञ्जरी ने एक पात्र देखा। पात्र की अवस्था अनुमानिक बाईस बरस होगी। नाम पूर्णप्रकाश। चन्द्रप्रभा के मामा के मकान के पास एक भाड़े के घर में पूर्णप्रकाश का भगिनीपति (बहनोई) दुश्चिकित्स्य चक्षु रोगाक्रान्त हो कर कालेज के डाक्टर से चिकित्सा कराने के मानस से आकर उतरा हुआ था। पूर्णप्रकाश कैनिङ्ग कालेज में पढ़ता था। और सर्वदा आकर भगिनीपति को देख जाता था। गुणमञ्जरी ने उसको देख कर उसको जामाता करने की मन में दृढ़ लालसा किया। गुणमञ्जरी ने पूर्णप्रकाश की बात अपने भाई से कहा। उन के भ्राता का नाम गोकुलोत्सव था। गोकुलोत्सव ने पूर्णप्रकाश के कुल का परिचय भी लिया। परिचय से जाना पूर्ण-आनंद विग्रह के कुल से कुछ नीचा है। गोकुलोत्सव का आनंद दुःख से बदल गया। पात्र देखने में सुनने में विद्या में बुद्धि में सर्वांश में सुंदर है किन्तु आनंदविग्रह के कुल से नीचा है किस प्रकार से उसको कन्यादान दिया जाय। गुणमञ्जरी ने पहिले पूर्ण को जिस भांति देखा था चन्द्रप्रभा ने भी उसी भांति एक दिन पूर्ण को देखा था अर्थात् एक दिन वह अपनी खिड़की में बैठी थी उसी समय पूर्ण अपने भगिनीपति को देखने आया। पूर्ण को देखते ही चन्द्रप्रभा का मन पूर्ण रूप से उस पर आकृष्ट हो गया। प्रणय सदा इसी भांति आरम्भ होता है। चिन्ता कार्य,स्वभाव

विद्या बुद्धि की परीक्षा करके कब किसका किसी से प्रणय हुआ है ? वारूद अग्नि स्पर्श करतेही जैसे प्रज्वलित होता है, काष्ठादि की भांति रह रह कर नहीं जलता. उसी भांति प्रणय दर्शन मात्र ही से उत्पन्न होता है, धीरे धीरे कभी प्रणय की उत्पत्ति नहीं होती।

रोगी विश्राम लाभ की आशा से जितनी करवट बदलता है उतनी ही उसकी निद्रा दूर होती है। उसी भांति प्रेमी प्रेम को जितना ही गोपन करना चाहता है उतना ही प्रकाश हो जाता है। थोड़े ही दिन में गुणमञ्जरी चन्द्रप्रभा के मन का भाव जान गई। किन्तु पूर्ण उनके स्वामी के कुल से नीचे कुल का है इस से चन्द्रप्रभा के साथ उसका व्याह असम्भव है यह जान कर निज तनया को नाना प्रकार उपदेश देकर पूर्ण की चिन्ता छुड़ाने लगी। चन्द्रप्रभा को खिड़की में भी नहीं बैठने देती थी। उसको निष्कर्मा देखती तो उसी समय किसी कार्य में नियोजित करती थी। किन्तु श्रावण का जल सुखा दे यह किसी की शक्ति है, चन्द्रप्रभा जब कभी अकेली रहती तो अनवरत पूर्णप्रकाश के चिन्ता में ही मग्न रहती। और जब कोई कहीं न रहता तो खिड़की में जाकर बैठती थी। पूर्ण के भगिनीपति को अब पूर्ण प्रत्यह ही देखने आता है। पीड़ा का कुछ उपशम हुआ है, किन्तु पूर्ण का आना घटा नहीं और भी वृद्धि हुआ। एक दिवस पूर्ण भगिनीपति को देख कर अपने रहने के स्थान में चला गया। जितने सब पूर्ण रहा तब तक चन्द्रप्रभा अनिमेष लोचन से पूर्ण को देखती थी जब पूर्ण चला गया तब चन्द्रप्रभा खिड़की से हट कर घर में बैठ कर चिन्ता करने लगी। उस की आंख से अज्ञात् भाव से दो तीन बूंद आंसू टपक पड़े। उसी समय गुणमञ्जरी तनया को देखने को जिस घर में चन्द्रप्रभा थी वहां आई। एवं बहुत सांत्वना वाक्य करने लगी।

दूसरा स्तवक।

आशादान

खल बढ़ई बल करि थके कटै न कुवति टार।
आलबाल उर झालरी खरी प्रेम तरु डार॥
(बिहारी

कवित।

देखतही मूरति मधुर मनमोहन की नैननके मिलैं मिलो मन अवदात है।

आलवाल करती प्रगट भये प्रेम तरु दिन दिन भालर तु अति सरसात है॥
ताहि दूरि करबेकों कितने लखनखगि कुवतिकुठार गहि कीनो उतपात है।
कहै कविकृष्ण सबै थाके अति वलकरि नेक न घटत त्यौंत्यौं दृढ़होत जात है॥
(कविकृष्ण सत)

विष एक बार मस्तिष्क में चढ़ने से फिर उसकी चिकित्सा करनी वृथा होती है। चन्द्रप्रभा को उपदेशवाक्य असाध्य रोग में औषधिकी भांति हुआ। चन्द्रप्रभा माता की बात मन देकर सुनती है। और तदनुरूप कार्य करने की भी दृढ़ प्रतिज्ञ होती है। किन्तु सब वृथा हो जाता है उस का मन अब अपने वश में नहीं है। बहती नदी को पथान्तर खोद कर अनायास से नूतन मार्ग से ले जा सकते हैं किन्तु प्राचीर निर्म्मान करके नदी के प्रवाह को कोई नहीं रोक सकता। चन्द्रप्रभा का मन पात्रान्तर से विमुख किया जा सकता था किन्तु उसकी माता ने यह न करके एकबारगी उसको चिन्ता शून्य करने का यत्न किया। प्रवाह को एकबारगी शुष्क करने का मानस किया इसी से सब निष्फल हो गया।

गुणमञ्जरी ने जब देखा कि उसका सब यत्न विफल हुआ, तो उसने अपने भ्राता से फिर पूर्णप्रकाश की बात कही। पूर्ण सर्वांग सुपात्र है, किन्तु उसके साथ चन्द्रप्रभा को व्याह देने से आनन्दविग्रह का कुल मान न बचैगा। इसमें गुणमञ्जरी को क्या हानि है? गुणमञ्जरी को पुत्र सन्तान नहीं है कि उसका कुल नष्ट होगा। सौत के पुत्र का कुल रहने से भी गुणमञ्जरी को कोई लाभ नहीं है। उसके कुलरखने को वह अपनी कन्या का प्राण क्यों बध करैगी?

गोकुलोत्सव ने सुनकर भगिनी को बहुत समझाया। कहा, "कुलीन का कुल नष्ट करना महा पाप है। उसमें यत्नवान होना उचित नहीं।"

गुणमञ्जरी बोली, "तुम लोग यदि शीघ्र चन्द्रप्रभा का व्याह न कर दोगे तो, हम आप पूर्ण के साथ उसका व्याह कर देंगे।"

गोकुलोत्सव बोले, "बहिन और दश दिन विलम्ब करो। जब इतना दिन गया है तो और दश दिन में क्या हो जायगा? हम एक पत्र और लिखते हैं देखें क्या जवाब मिलता है।"

गुणमञ्जरी बोली, "अच्छा पत्र लिखो, किन्तु हम आज से ग्यारहें दिन व्याह कर देंगे। फिर न मानेंगे न और किसी को इसकी खबर देंगे। दिन साइत भी न देखैंगे!।"

गोकुलोत्सव बोले "अच्छा दश दिन तो शान्त होकर बैठो फिर जो इच्छा हो करना। हम आजही पत्र लिखेंगे। दश दिन के भीतर अवश्यही पत्र का उत्तर आ जायगा।" पूर्ण को देख कर जैसे चंद्रप्रभा का मन हुआ था चंद्र-प्रभा दर्शन से उसी भांति पूर्ण का भी मन हो गया। पूर्ण ने दो एक दिवस चिन्ता किया, चंद्रप्रभा की लालसा हमारी दुराशा मात्र है। किन्तु जब गु-णमञ्जरी आपही उस बात पर आरूढ़ हुई तब पूर्ण को वह आशा दुराशा नहीं बोध हुई। जो अग्नि पूर्ण इच्छा पूर्वक आयास से निर्वापित कर सकते थे, उस को गुणमञ्जरी ने वायु की भांति होकर दिन दिन और भी प्रबल कर दिया। पूर्ण पहिले पहिले प्रत्यह एक बेर आते थे, किन्तु अब दिन में दो तीन बेर आने लगे। पूर्ण की भगिनी निषेध करने को थी किन्तु लज्जा से भ्राता को वह नहीं कह सकी। पूर्ण का भगिनीपति दिन भर अकेला रहता था आंख के रोग से लिख पढ़ कर भी कालक्षेप नहीं कर सकता था। इससे उस के पास बैठ कर कोई बातचीत करै तो वह बहुत प्रसन्न होता था। इसी से वह जिस में पूर्ण पैहिले से विशेष आवै इसकी चेष्टा करने लगा। संक्षेपत: पूर्ण को उसने इसी कारण कोई उपदेश नहीं दिया। पूर्ण का लिख-ना पढ़ना सब बंद हो गया। घर में जब तक रहते थे तब तक भगिनीपति को देखने जायंगें यही चिन्ता करते थे। भगिनीपति के पास से घर में फिर कर जाने की चिन्ता से सन्तापित होते थे। गुणमञ्जरी पूर्ण का उत्साह बढ़ाती आती थी। एक दिन भी उसने ऐसी बात नहीं कही कि चंद्रप्रभा के साथ उस का ब्याह नहीं हो सकता। किन्तु चंद्रप्रभा को उसने कभी उत्साह की बात नहीं कही। उस को सर्वदा यही कहती थी कि यह ब्याह असम्भव है। यही समझाने की सर्वदा चेष्टा करती थी।

सब कोई इसी भांति अवस्थित हैं। इसी समय में गोकुलोत्सव ने अपने बहनोई को पत्र लिखा। दश दिन के भीतर ही पत्र का उत्तर आगया। आ-नंद विग्रह ने बिनती पूर्वक एक महीना और अपेक्षा करने को लिखा। और लिखा एक महीने के भीतर ही वह उपयुक्त पात्र साथ लेकर लखनऊ पहुंच कर शुभ कार्य्य सम्पन्न करेंगे।

गोकुलोत्सव ने भगिनी को पत्र का मर्म्म कह कर तब तक ठहरने का अ-नुरोध किया। गुणमञ्जरी बड़ी बिपत में पड़ी। पूर्ण से कहा था कि दश दिन के पीछे ब्याह कर देंगे। क्योंकि उसको विश्वास था कि इतने अल्प दिन के

भीतर कभी पत्र का उत्तर नहीं आ सकता। किन्तु अब चिन्ता करकेही क्या करेगी। लज्जा अवनतमुखी होकर पूर्ण की भगिनी से पत्र का मर्म्म कहकर कहने लगी, पूर्ण को कहना व्याह की बात अब कच्ची समझें।

तीसरा स्तवक।

आशा निराश।

'फलक तू ने इतना हंसाया न था। कि जिस के बदल यों रुलाने लगा'

(हसन)

पूर्ण प्रत्यह जिस समय भगिनीपति को देखने आते थे, आज उस समय को अतिक्रम करके सन्ध्या के समय भगिनीपति के गृह में आए। चंद्रप्रभा के पिता के पास पत्र आज दश दिवस हुआ गया है, आज उत्तर न आवे तो चंद्रप्रभा उसकी होगी। पूर्ण इसी शुभ चिन्ता में समस्त दिन बिता कर सन्ध्या को भगिनी पति के घर में आए। सन्ध्या पीछे घड़ी दो घड़ी रात तक रह कर एकबारगी दश दिवस का समाचार लेकर जायंगे।

पूर्ण ने मार्ग में चिन्ता करते करते आकर भगिनीपति के दरवाजे में आघात किया। पूर्ण की भगिनी ने जाकर दरवाजा खोल दिया किन्तु पूर्ण की भगिनी का मुंह आज कुछ विषन्न है। किन्तु पूर्ण का हृदय चन्द्रप्रभा मय हुआ है। उस समय उस में दूसरे का स्थान पाना असम्भव है। इसी से पूर्ण की आंख में उसकी भगिनी का मुख कुछ भी विलक्षण नहीं बोध हुआ। और २ दिवस के भांति पूर्ण जाकर अपने भगिनीपति के पास बैठे और दिन गुणमञ्जरी आप या उन का नियुक्त कोई न कोई व्यक्ति उनके आने की अपेक्षा करता था और वह आतेही उन लोगों के मुंह से दिन का समाचार पाते थे। किन्तु आज किसी ने भी उनके पास आकर समाचार नहीं कहा। पूर्ण अति चंचल हुए। उनके भगिनीपति जो बात कहते थे वह उन के कान में प्रविष्ट नहीं होती थी। उन के भगिनीपति एक बात कह कर उत्तर के वास्ते प्रतीक्षा कर रहे हैं किन्तु पूर्ण कुछ सुनते ही नहीं। अथच संक्षेप से "हां" के स्थान पर "नहीं" वा "नहीं" के स्थान पर "हां" उत्तर देते हैं। पूर्ण के भगिनीपति पूर्ण का चित्त चाञ्चल्य देख कर चमत्कृत हुए, वह उसका कारण सब जानते थे किन्तु वह पूर्ण को किस भांति कुसंवाद देंगें यही चिन्ता करने लगे। और जो बात चीत होती थी वह बंद करके चुप हो कर बैठ रहे।

सन्ध्या हुई, दीप बाला गया, जिस घर में पूर्ण और उनके भगिनीपति बैठे थे उस घर में भी दासी दीप दे गई। हठात् उजियाला देख कर पूर्ण ने घर के चारों ओर दृष्टि निक्षेप किया। और अब किस जगह में बैठ रहे यह नहीं स्थिर कर सके। भगिनीपति से बोले, "आज हम जाते हैं"

पूर्ण के भगिनीपति ने कहा "अच्छा देर भी बहुत हुई है" पूर्ण यह बात सुन कर खड़े हुए, तब पूर्ण के भगिनीपति इस भांति मुंह बनाकर कहने लगे कि जैसे कोई बात पूर्ण को कहने भूल गये थे, अब स्मरण आने से कहते हैं।

"हां पूर्ण, तुम्हारा एक संवाद है सुन जाओ"

भगिनीपति की बात सुन कर पूर्ण का हृत्पिण्ड ऐसे जोर से वक्षः स्थल में प्रतिघातित होने लगा कि पूर्ण को बोध हुआ कि उन के भगिनीपति उस आघात का शब्द सुन रहे हैं। पूर्ण जहां खड़े थे वहां ही बैठ कर पूछने लगे "क्या संवाद है" पूर्ण के भगिनीपति बोले, 'चंद्रप्रभा के साथ तुम्हारा जो व्याह होने को बात चीत थी उस में बाधा पड़ने से वह व्याह नहीं होगा।

पूर्ण ने आग्रह से पूछा "किसने कहा है ?"

पूर्ण के भगिनीपति बोले चंद्रप्रभा की माता ने दासी से समाचार भेज दिया है। दासी कह गई है कि वह लज्जा से आप नहीं आसकीं इस से कहला भेजा है।" पूर्ण थोड़ो देर चुप रह कर फिर पूछा।

"कहां व्याह होगा ?"

पूर्ण के भगिनीपति बोले, दासी ने कहा है चंद्रप्रभा के पिता उपयुक्त पात्र लेकर शीघ्र लखनऊ पहुंच कर अपनी कन्या का व्याह कर देंगे पूर्ण को उठ जाने की शक्ति शेष न रही तथापि बोले, " सो तो हम पहले ही जानते थे हम को कभी आशा नहीं थी कि हमारे साथ चंद्रप्रभा का व्याह होगा। कुलीन लोग कन्या भला हम को क्यों देंगे ? हां वही लोग कहती थीं इससे हम भी हुंकारी भरते थे।"

पूर्ण के भगिनीपति पूर्ण की बात पर नहीं बोले, पूर्ण भी कुछ देर मौन भाव से बैठ रह कर पीछे वहां से उठे और अपने घर चले आए। वह रात पूर्ण की कैसी बीती यह सहजही में अनुभव हो सक्ता है। दूसरे दिवस सबेरे उठ कर पूर्ण प्रकाश ने लिखने पढ़ने में मन लगावेंगे यह प्रतिज्ञा किया। पुस्तकादि खोलकर देखा कि सब प्रथम पत्र से फिर आरम्भ करना होगा। इधर गिन कर देखा परीक्षा को भी अब अधिक दिन नहीं हैं। सात पांच चिन्ता

करके स्थिर किया इम वत्सर परीक्षा न देंगे तब लखनऊ रहने ही का क्या आवश्यकता है? यह सब चिन्ता करके पूर्ण प्रकाश उसी दिन पुस्तकादि लेकर अपने घर चले गए। रेल गाड़ी जब चलने लगी उस समय पूर्ण ने कितनी दीर्घ निश्वास त्याग किया यह कहना दुःसाध्य है। जब तक लखनऊ अदृश्य नहीं हुआ तब तक पीछे ही दृष्टि किए रहेथे। देखते देखते लखनऊ अदृश्य हुआ। पूर्ण वस्त्र से मुंह छिपा कर अश्रुपात करने लगा।

चतुर्थ स्तवक।

कुलीन जामाता।

'मर्कट बदन भयंकर देही, देखत हृदय क्रोध भा तेही'
देखिशिवद्दिसुर तियसुसुकाहीं, बरलायक दुलहिनजगनाहीं।
[मानस रामायण गो० तुलसीदास जी]

आश्रय वृक्ष भग्न होने से आश्रित लता की जैसी दुरवस्था होती है पूर्ण-प्रकाश के विरह में चन्द्रप्रभा का चित्त उसी भांति हुआ। पूर्ण के साथ उसने कभी बात भी नहीं की थी। तथापि पूर्ण के जाने से उसका हृदय शून्य, गृह शून्य, सब संसार शून्य हो गया। गुणमञ्जरी ने एक दिन भी चन्द्रप्रभा का पूर्ण के साथ व्याह होगा यह उससे नहीं कहा था। किन्तु चन्द्रप्रभा के चित्त में एक प्रकार का विश्वास था कि पूर्ण के साथ उसका व्याह होगा। अब उस विश्वास का मूलच्छेद हो गया। चन्द्रप्रभा अपने मन का भाव गोपन करने का यत्न करने लगी। किन्तु किसी भांति भी कृतकार्य नहीं हो सकी। पहिले जिस स्थान में बैठ कर पूर्ण को देखती थी उसी स्थान में सर्वदा ही बैठने जाती थी। किन्तु अब भ्रम से भी उस गृह में नहीं जाती। चन्द्र-प्रभा के मुंह की हंसी जैसे कहीं चली गई। चिन्ता करते करते वर्ण मलिन और शरीर सूखने लगा। उनके पिता ने लिख भेजा था कि एक महीने के भीतर ही उपयुक्त पात्र साथ ले कर लखनऊ पहुंचेंगे। वह एक महीना बीत गया। पात्र साथ लेकर आना दूर रहै उन्होंने एक पत्र भी नहीं लिखा। गुण-मञ्जरी बड़ी चिन्तिता हुई। कन्या के सुख से ही उसका सुख और कन्या के दुःख में ही उस का दुःख था। चन्द्रप्रभा को कृशाङ्गी देख कर गुणमञ्जरी को बड़ी ही चिन्ता हुई। पूर्ण को बिदा कर दिया इस कारण अब हृदय

आत्मग्लानि से सन्तापित होने लगा। कितने बार पूर्ण को पत्र लिखने चली फिर आपही निरस्त हो रही। जिस को एकबार बिदा कर दिया है अब किस मुंह से उसको फिर बुलावें ? इसी भांति जब तीन महीना गत हो गया तब गुणमञ्जरी नहीं रह सकी और पूर्ण को एक पत्र में उसने लिख भेजा कि व्याह के सम्बन्ध अब निश्चय हो गया केवल उनके आगमन की प्रतीक्षा है। चन्द्रप्रभा का पिता यदि रतिपति सा रूपवान्, वृहस्पति सा विद्वान् और कुल में कुलीनों का अग्रगन्य पात्र ले आवैगा तब भी गुणमञ्जरी चन्द्र प्रभा को पूर्ण ही के हाथ में समर्पण करैगी।

गुणमञ्जरी ने यह सोच करके पूर्ण को पत्र लिखा कि यदि वह अपनी चन्द्रप्रभा को ही सुखी न कर सकी तो उसके जीवन का फल क्या है ? कौलीन्य के अनुरोध से वह अपने स्वामी के वर्त्तमान में भी वैधव्य यंत्रणा भोग कर रही है। अपनी प्यारी बेटी को वह कभी ऐसी यंत्रणा न भोगने देगी। यह निश्चय करके वह चन्द्रप्रभा से बोली, "बेटी अब मत रो। देखो हमने अभी पूर्ण को पत्र लिखा है, पूर्ण के आतेही उसके साथ तुम्हारा व्याह कर देगें और किसी की भी बात न सुनेंगे।"

जिस दिवस प्रातःकाल गुणमञ्जरी ने पूर्ण को पत्र लिखा था। उसी दिन संध्या काल में आनन्दविग्रह हृष्ट चित्त से पात्र संग लेकर गोकुलोत्सव के गृह में उपस्थित हुए। पात्र का नाम ढुंढिराज। देखने में दीर्घाकार कृष्णवर्ण और कृश था। अवस्था अनुमान चौतीस बरस की। सिर के बाल दो एक पकने लगे हैं। और सामने के दो दांत भी गिर गए हैं। यही पात्र हैं। इन्ही को अनुसन्धान करने में आनन्द विग्रह को तीन महीना लगा है। वह गोकुलोत्सव का दूसरा पत्र पातेही घर से निकले थे। नाना स्थान में अनुसन्धान किया किन्तु कहीं भी सुपात्र नहीं मिला अर्थात् इनके कुल के समान नहीं मिला। पीछे ढुंढिराज से साक्षात हुआ। व्याह करना ही ढुंढिराज का रोजगार है। वह अब तक ग्यारह कन्या को व्याह कर चुके हैं अर्थात् इन सबों का कुमारी नाम मिटाचुके हैं। चन्द्रप्रभा को उधार करें तो पूरी बारह हों। आनन्दविग्रह ढुंढिराज को पाकर बहुत ही संतुष्ट हुए। एवं और और बात के पीछे चन्द्रप्रभा का व्याह करने का प्रस्ताव किया। ढुंढिराज बोले उपयुक्त दहेज मिले तो व्याह करने में कोई बाधा नहीं है। और एक बात यह भी है कि वह आप स्त्री के भरण पोषण का भार नहीं

लेंगे। इसमें यदि आनन्दविग्रह सम्मत हों तो दिन स्थिर करके कह जाने से ही वह कन्या के घर उपस्थित होंगी। आनन्दविग्रह भावी जामाता को आशीर्वाद देकर बोले, " तुम चिरंजीवी हो। तुम्हारे ऐसा सुबुद्धि मनुष्य आज काल मिलना कठिन है। तुम यथार्थ ही कुलीन हो। तुमने जो सब बात कही हम सब में सम्मत हैं। कन्या का भरण पोषण का भार तुम को नहीं लेना होगा। यह हम स्टाम्प पर लिख दे सकते हैं। वह जन्म से मातामह के यहां है, व्याह के पीछे वहां ही रहेगी। अबदहेज ठीक हो जाना चाहिए।"

ढुंढिराज बोले, दहेज की बात पात्री की अवस्था के ऊपर निर्भर है। कन्या की जितनी ही अवस्था विशेष होगी उतनाही दहेज अधिक लगेगा। यह बात आप नहीं जानते हैं सो तो नहीं है ? आप भी तो कुलीन हैं ? आनन्दविग्रह बोले, तुम ने जो बोले सो सत्य है किन्तु हमारी अवस्था पर दृष्टि रख कर दहेज की बात कहो। हमारो कन्या की अवस्था भी अधिक नहीं है। बहुत हो तो चौदह वरस " ढुंढिराज ने कुछ चिन्ता करके उत्तर दिया। जै वरस की हो हिसाब से वरस पीछे दो दो रुपया दीजिए० आप से ज्यादे प्रार्थना नहीं करते। आनन्द विग्रह उनको बहुत कह सुन कर १५ रुपये पर राजी करके साथ लेकर चले। समस्त मार्ग चिन्ता करते करते आए हैं कि श्वशुरालय जातेही उनका कितना समादर होगा। किन्तु वह आशा कितनी फलवती हुई यह पीछे प्रगट होगा।

पञ्चम स्तवक ।

—*—

सपत्नी सम्भाषण।

सुहृदां हितकामानां यः शृणोति न भाषितत विपदोनिहिता तस्य—

पूर्ण की भगिनी नाम मधुरिमा है। और उनके भगिनीपति का नाम मन्दिरानन्द है। मन्दिरानन्द की आंख में मोतियाबिन्द हो गया था। वह आंख बनवाने को लखनऊ आए थे। पहिले आंख बनाने के उपयुक्त नहीं थी इससे उनको बहुत दिन लखनऊ में रहना पड़ा था। पीछे आंख बनने के योग्य होने से डाक्टर ने एक आंख बना दिया। डाक्टर बोला एक आरोग्य होने से दूसरी बनाई जायगी। पूर्ण जब अपने घर गया तब एक आंख

अच्छी भांति आरोग्य हो आई थी। किन्तु तब भी डाक्टर ने उनका लिखना पढ़ना या जिस काम में दृष्टि स्थिर रखना पड़े उस कार्य करने का निषेध किया था पूर्ण लखनऊ में जब तक थे नित्यही मन्दिरानन्द को देखने आते थे। समस्त दिन उन के पास रहते थे बात चीत करते या शतरंज खेलते थे। किन्तु पूर्ण के लखनऊ छोड़ कर चले जाने से मन्दिरानन्द को अकेला रहना दुरूह व्यापार हो गया। उनकी स्त्री पाक इत्यादि गृहकार्य में व्यापृत रहती थी मन्दिरानन्द के पास बैठ कर बात करें इतना अवकाश उस को नहीं था। पूर्ण के जाने के पीछे पहिला दिन मन्दिरानन्द ने किसी प्रकार से काटा। किन्तु दूसरे दिवस निष्कर्मा नहीं रह सके एक पुस्तक पढ़ना आरम्भ कर दिया। अपने मन में सोचा था दो एक पृष्ठ पढ़ कर रख देंगे, किन्तु अपने दुर्भाग्य से पुस्तक ऐसी अच्छी लगी कि उसको बिना शेष किये नहीं रख सके। प्रातःकाल आठ नौ बजे आरम्भ किया था, रात्रि को दस बजे समाप्त किया। मधुरिमा ने बारबार निषेध किया। किन्तु मन्दिरानन्द ने उस की बात नहीं सुनी बोले "कुछ भी कष्ट तो नहीं होता तब क्यों न पढ़ें? आंख रहते अब कितने दिन तक अन्धों के भांति बैठे रहे?" मन्दिरानंद ने स्त्री की बात नहीं सुनी और पुस्तक उसी दिन समाप्त किया। पुस्तक समाप्त करके मंदिरानंद हृष्ट चित्त से सोए। कोई भी असुख नहीं था किन्तु पिछली रात आंख की दरद से नींद खुल गई। जाग कर देखा कि अब आंख खोल कर नहीं देख सकते हैं। किसी भांति वह रात बीती। दूसरे दिवस डाक्टर को बुला कर फिर आंख दिखलाया डाक्टर देख कर बोला, यह आंख पूर्व की भांति नहीं होगी किन्तु दूसरी आंख चीरने से अच्छी हो जायगी। डाक्टर की बात सुन कर मंदिरानंद रोने लगे। मधुरिमा भी उन को देख कर रोने लगी। पीछे डाक्टर दो चार सांत्वना वाक्य कह कर चला गया, मंदिरानंद रोते रोते बोला, "इतने दिन पीछे अन्धे हुए। अब कुछ नहीं देख सकेंगे। उस समय क्यों हमने तुम्हारी बात नहीं मानी।"

मधुरिमा गाढ़ स्वर से बोली, "यह बात स्मरण करके रोने से अब क्या होगा। अदृष्ट में जो था सो हुआ।"

मंदिरानंद बोले, "नहीं मधुरिमा तुम्हारी बात न मान कर जब कोई कार्य हमने किया है उस में कोई न कोई अनिष्ट हुआ ही है। तुम मिथ्या अदृष्ट का दोष देती हो यह सब हमारा दोष है।

मधुरिमा मंदिरानंद के बिछौने के पास बैठ कर आंचर से उनकी आंख

पोंछ कर बोली, "अदृष्ट में लिखा था इसी में तुमने हमारी बात नहीं सुनी। अदृष्ट की लिपि किसी प्रकार से नहीं मिटती" मधुरिमा की बात सुन कर मंदिरानंद कुछ देर चुप रह कर बोले, "मधुरिमा क्या हमको अब कुछ भी न दिखलाई पड़ेगा।"

मधुरिमा रोते रोते बोली " यदि एक की आंख दूसरे को दी जाती तो ईश्वर जानते हैं। अभी हम अपनी आंख तुम को देते। किन्तु जब वह नहीं हो सकता तब एक की आंख दोनों का काम चलै ऐसा करेंगे। तुम जैसे हम को सब बात समझा देते हो उसी भांति हम जब जो देखेंगे तुमको बता देंगे।"

मंदिरानंद बोले, "हम को और एक बात का डर होता है, मधुरिमा, हम तो अन्धे हुए, तुम अब हमको नहीं चाहोगी। अन्धा कह कर घृणा करोगी।"

मधुरिमा दोनों हाथ से मंदिरानंद का पांव पकड़ कर बोली, "हे स्वामी ऐसी बात मुंह से मत निकालो पूर्व में हम कभी कभी क्रोध करते थे अभिमान करते थे किन्तु अब हम को उसकी भी शपथ है हम देवता गण से यही वरदान चाहते हैं कि जन्म२ तुम्हारे ही ऐसा स्वामी मिले।"

मंदिरानंद बोले, "हम भी यही चाहते हैं कि तुम्हारे ऐसीही स्त्री हमको भी मिले। मधुरिमा तुम्हारा ऐसी पत्नी इस जगत में किसी को नहीं है।"

मधुरिमा नहीं बोली स्वामी के पास बैठ कर केवल रोने लगी।

षष्ट स्तवक।

—*—

छठ

'तुम सहित गिरी तें गिरौं पावक, जरौं जलनिधि महं परौ।
घर जाउ अपजस होउ जग, जीवत विवाह न हौं करौं'

[मानसरामायण गो० तुलसीदास]

आनंदविग्रह के लाये हुए पात्र को देख कर गुणमञ्जरी बहुतही उदास हुई। उस ने सोचा था कि आनंद विग्रह पूर्ण की भांति दूसरा पात्र ले आवेगा। ढुंढिराज के भांति पात्र आवेगा यह स्वप्न में भी नहीं जानती थी। पूर्ण को देखने के पहिले यदि गुणमंजरी ढुंढिराज को देखती तो इसके ऊपर इतनी घृणा नहीं होती। घर में वयस्का कन्या है, और पात्र भी वृद्ध नहीं है, इससे किसी प्रकार सम्बन्ध हो सक्ता था। किन्तु एक बार पूर्ण को देख कर ढुंढि ऐसे पात्र को कन्या समर्पण करना गुणमंजरी की समझ में कन्या को पानी में फेंक

देना था। अच्छा मिलने का सम्भव रहते बुरा कौन चाहता है ? गुणमंजरी अपनी एक मात्र तनया को क्यों ढुंढि को समर्पण करेगी ?

आनंदविग्रह तो ढुंढि को बेटी व्याहने उत्सुक थे ही किन्तु ढुंढि अबतक रुपया ही के कारण व्याह करने को सम्मत थे अभी तक कन्या को नहीं देखा था। कन्या सुरूपा है या कुरूपा है इस अनुसन्धान करने का उनको प्रयोजन भी नहीं था। रुपया के वास्तेही उनका व्याह था कुछ कन्या के वास्ते नहीं किन्तु लखनऊ में आकार चंद्रप्रभा को देख कर ढुंढि का मन सूंड़ की भांति फिर गया। उन को अब अर्थस्पृहा नहीं रही। बरंच चंद्रप्रभा के मिलने में उन का कुछ व्यय होता तो भी करने को प्रस्तुत थे। किन्तु व्याह में भयानक प्रतिबन्धक उपस्थित हुआ। गुणमंजरी ने प्रतिज्ञा करली थी कि वह ऐसे पात्र को कन्या दान नहीं देगी, आनंदविग्रह ने बहुत समझाया साम दाम भय भेद सब दिखलाया पर गुणमंजरी ने उनकी बात तृण इतनी भी नहीं सुनी। यह दशा देख कर ढुंढिराज आनंदविग्रह से बोले, "पण्डित जी मन की बात साफ साफ कह देना अच्छा होता है। हम घर से सबको व्याह करने जाते हैं कह आये हैं इससे बिना व्याह किए जाएंगे तो लोग ठट्ठा करेंगे। और सच्ची बात यह है कि हमारा व्याह अभी नहीं हुआ है इससे घर बसाने को हमको व्याह करना बहुतही आवश्यक है, तुमने पहिले जो कहा था उसके अतिरिक्त हम स्वीकार करते हैं कि व्याह करके हम कन्या को अपने घर ले जाएंगे। ढुंढिने सोचा कि पहिले कन्या को घर में रखने का करार नहीं था अब वह यह स्वीकार करते हैं इस से गुणमंजरी को कोई बाधा न होगी और आनंदविग्रह भी व्याह के हेतु बहुत यत्न करेंगे।

आनंदविग्रह बोले, "पर तुम को वह कन्या दे तब न अपने घर ले जाओगे। जो दशा देख रहे हैं इससे तो मुंह ऐसा मुंह लेकर घर फिर जाना होगा इसी की अधिक सम्भावना है।"

थोड़ी देर तक चुप रह कर ढुंढिराज फिर बोले, एक स्त्री न होगी तो हमारा संसारही नहीं चलेगा। इस से क्या करें पन्द्रह रुपया में यदि और भी कुछ कम करने से वह सम्भव हो तो हम इस में भी राजी हैं।"

ढुंढिराज जैसे रुपया का मर्म्म समझते थे। वैसा और कोई नहीं समझता। रुपया उनके शरीर का शोनित है। इस से रुपया कम लेने से गुणमञ्जरी उनको कन्यादान देगी यह चिन्ता उनके मन में होनी आश्चर्य नहीं है।

आनन्दविग्रह स्पष्ट समझे कि ढुंढिराज क्यों कम रुपया लेकर ब्याह करने में सम्मत है।

इससे वह ढुंढिराज को निराश होकर जाना होगा यही विश्वास कराने लगे। बोले, " यह लोग धनी हैं दस पांच रुपया के लोभ से यह लोग न मानेंगें " आनन्दविग्रह के मन की इच्छा यह थी कि बिना पण के ढुंढि सम्मत हो तो अच्छी बात हो।

वस्तुतः वही हुआ। फिर थोड़ी देर चिन्ता करके ढुंढिराज बोले,

" हम को स्त्री की अति आवश्यकता है और ब्याह करने आए हैं, जो ब्याह न करके जाएंगें तो लोग हंसेंगे इससे हम बिना पण से भी विवाह करने को सम्मत हैं।"

यह बात आनन्दविग्रह के मन की हुई। सोचे गुणमञ्जरी के पांओं पड़ना होगा तो पड़ेंग। यदि ब्याह के कारण अनाहर धरना देना होगा तो देगें किन्तु सम्बन्ध करेंगे क्योंकि ऐसा सुविस्ता फिर न मिलेगा। ऐसा घर इतने कम खरच से फिर खोजे भी न मिलेगा और ऐसा सम्बन्ध न करने से उनकी कुल मर्य्यादा भी रहेगी। यही सब सोच कर के वह फिर गुणमंजरी के समझाने को अन्तःपुर में गए। इधर गुणमंजरी ने दृढ़ प्रतिज्ञा करली थी कि ढुंढिराज के साथ चन्द्रप्रभा का ब्याह कभी नहीं करना उसकी प्रतिज्ञा कोई कभी भंग नहीं कर सकता था। आनन्दविग्रह ने समझाया कि ढुंढिराज के साथ ब्याह करने से रुपया भी नहीं लगेगा। और कुल भी बना रहेगा पात्र भी नितान्त नष्ट ही नहीं है। गुणमंजरी क्रोध से बोली, " पन्द्रह रुपया ही जो बड़ी निधि है तो उतना रुपया हम तुम को देते हैं। तुम अपने घर जाओ।"

आनन्दविग्रह कातर स्वर से बोले' "किन्तु कुल रक्षा का क्या उपाय होगा ?"

गुणमंजरी पूर्व की भांती क्रोध में बोली, "हम को कुल से कोई प्रयोजन नहीं है कुल न रहने से ही हमारा कल्यान है। हमारे पिताने कुल क्रिया किया था इसी से हमको यावत् जीवन दुःख भोगना पड़ा। अब हम कुल क्रिया करके चन्द्रप्रभा को चिर काल के हेतु दुःख भोगी करें यह हम से कभी नहीं होगा।"

आनन्दविग्रह थोड़ी देर चुप रह कर बोले, " तुम को कौन बात का दुःख हुआ ? तुम को किस बात की कमती है ?" गुणमंजरी फिर न सह सकी वह चिल्ला कर बोली "कौन बात का दुःख है ? क्या कमती है ?

मानती और दुःख यही है कि न तुम मरते हो न हम मरते हैं।" यह कह कर रोते रोते वह वहां से उठकर चली।

आनन्दविग्रह उनका आंचल पकड़ कर बोला, "और एक बात सुनलो।" गुणमंजरी बोली, "तुम्हारी बात जो सुनती है उसी को जाकर सुनाओ हम नहीं सुन सकते।" यह कह कर बल से अपना आंचर छुड़ा कर वहां से चली गई।

सप्तम स्तवक।

—*—

प्रतिज्ञा।

"कार्यं वा साधयेयं शरीरं वा पातयेयं"

आनन्द विग्रह को एक मात्र उपाय और बच रहा था कि अनाहार से धरना देना। अब वही उपाय अवलम्बन करेंगें स्थिर करके बाहर आए। पाठक वर्ग को यह कहने की आवश्यकता नहीं है कि आनन्दविग्रह अधुनातन अङ्गरेजी परिमार्ज्जित युवक नहीं था स्त्री को प्रहार करना अविधेय है यह वह स्वप्न में भी नहीं जानता था। उनको यह दुःख होने लगा कि गुणमंजरी आज उनके घर में न हुई आज वह हमारे घर में होती तो मारे पंखे की डांड़ी और लकड़ी के सीधी कर देते। किन्तु गुणमंजरी के नैहर में यह चिन्ता करही के क्या करेंगे। मौन भाव से आकर ढुंढिराज के पास बैठे।

ढुंढिराज ने उनको उदास देखकर पूछा, "क्या खबर है?" यह अब तक यही चिन्ता करते थे कि एकबारगी सब रुपया न लेंगें कह दिया सो अच्छा काम नहीं किया। कुछ कम ग्रहण करेंगे यह कहते तो अच्छा होता। हाय! घर में लक्ष्मी आती थी उसको हमने नहीं आने दिया। किन्तु आनन्दविग्रह को उदास देखकर उनका चिन्तादग्ध चित्त कुछ शीतल हुआ। सोचे यदि बिना पण के कन्या देना न स्वीकार करे तो पण न लेंगे यह कहना अन्याय नहीं हुआ है।

आनन्दविग्रह ढुंढिराज के बात का उत्तर न देकर जहां बैठे थे वहां हीं लेट गए। ढुंढिराज ने फिर पूछा, "क्या खबर है?"

आनन्दविग्रह कातर स्वर से बोले, "और क्या खबर है किसी तरह नहीं मानती उसकी प्रतिज्ञा है कि वह हमारा कुल नष्ट करेगी। हमारी भी

प्रतिज्ञा है वह जब तक हमारी बात न स्वीकार करेगी तब तक हम अनाहार यहीं पड़े रहेंगे।

ढुंढिराज कुछ चिन्तित होकर बोले,

"क्या हम को भी अनाहार पड़ा रहना होगा?"

आनन्दविग्रह बोले, "नहीं तुमको नहीं रहना होगा" अनन्तर नहाने के समय गोकुलोत्सव ने आनन्दविग्रह को नहाने कहा। आनन्दविग्रह बोले,

"हम नहाएगें भी नहीं खाएंगे भी नहीं। हम यहां अनाहार प्राण त्याग करेंगे।"

गोकुलोत्सव ने बहुत भांति से विनय किया। किंतु आनन्द विग्रह नहीं माने। तब गोकुलोत्सव अपने भगिनी के पास जाकर बोले, "बहिन! जिस में ब्राह्मण का कुल रहे वह करो" गुणमञ्जरी क्रोध से बोली, "कुल जायगा तो हमारा क्या हम ऐसे पात्र को कन्या कभी न देगें।"

गोकुलोत्सव निरुपाय होकर बोले, "अच्छा वही होगा। हम प्रतिज्ञा करते हैं तुम्हारे मत से अन्यथा नहीं करेंगे। तुम एक बेर कहो कि ढुंढिराज को कन्या देंगे, तब हमारे प्राण बचें, और हमारे द्वार पर ब्रह्म हत्या न हो" गुणमञ्जरी बोली, "हम जो कहेंगे सो करोगे?"

गोकुलोत्सव बोला, "करेंगे।"

गुणमञ्जरी, अच्छा तब जो कहने से नहाएं खाएं सो कहो। गुणमञ्जरी ने क्या संकल्प करके गोकुलोत्सव को प्रतिश्रुत कराया यह पीछे प्रकाश होगा। आपातत: आनन्दविग्रह ने प्रसन्न होकर स्नान आहार किया।

षष्टम स्तवक।

—*—

संदेह।

न जातु विप्रियं भर्तुः स्त्रिया कार्यं कथञ्चन।

आजनों का चरित्र और पुरुष का भाग्य देवता लोग भी नहीं जानते। पूर्व की भगिनी और भगिनीपति इतने दिन सद्भाव से काल वितीतकरते थे। अब मन्दिरानन्द की आंख गई है। इस्से मधुरिमा को अब उचित है कि पहिले से विशेष उनको यत्न करे। किन्तु क्या आश्चर्य है कि इतने दिन के पीछे उन लोगों में विवाद होने की सम्भावना उपस्थित हुई। झगड़ा भी एक दासी

की बात में। वह दासी बाल्यकाल से मन्दिरानन्द के यहां है। लखनऊ आने के समय मन्दिरानंद उसको साथ ले आये थे। उस दासी के द्वारा संसार का कार्य निर्वाह होता था किन्तु मंदिरानंद की जब आंख गई तब एक नौकर की आवश्यकता हुई। सर्वदा उन को डाक्टरखाने जाना पड़ता था। किन्तु अब आंख न रहने से आप लाकर गाड़ी भाड़ा नहीं कर सकते एवं भी लखनऊ में नहीं है कि उससे आज काल कोई सहायता मिलती। दासी गांवकी थी वह नगर का मार्ग कुछ नहीं जानती थी इन्हीं सब कारणों से एक नौकर रक्खा गया, किन्तु दासी और नौकर में ऐसा विवाद उपस्थित हुआ कि दासी बहुत दिन की पुरानी थी तब भी मधुरिमा ने उसको निकाल दिया। दासी ने रोते रोते मंदिरानंद के पास आकर अपनी निर्दोषिता का प्रमाण देने के वास्ते बहुत कुछ कहा। किन्तु जब देखा मंदिरानंद भी उसको रखने में समात नहीं है तब इतना कह कर चली गई। "इतने दिन हम से कोई बात नहीं उठी थी, अब मनमाना नौकर आया है इससे अब हमारा कुछ काम नहीं है। हम यदि आप के ऐसे अन्धे होते तो हमारे रहने में कोई आपत्ति नहीं थी" मंदिरानंद ने दासी की बात सुनकर जा—जा करके उसको निकाल दिया। थोड़ी देर पीछे मंदिरानंद का क्रोध शान्त हुआ, तब मंदिरानंद चिन्ता करने लगे। इतने दिन के पीछे आज दासी ऐसी बात क्यों कह गई कि वह यदि अन्धी होती तो उसके रहने में कोई आपत्ति नहीं थी। इसका अर्थ और क्या हो सकता है? क्या भयानक बात कह गई। हाय, क्यों उससे सविशेष बात न सुनकर उसको निकाल दिया! संदेह एक बार उपस्थित होने से क्रमशः वृद्धि होता है। तुच्छ बात जिस में पहिले वह कान भी न देते थे अब वही सब उनको गुरुतर बोध होने लगी। नौकर से पानी मांगते थे किंतु यदि उसके पानी देने में जरा भी देर होती थी तो उन के मन में बहुत भांति का संदेह उपस्थित होता था। ऐसेही कुछ दिन कट गया। मंदिरानंद किसी को कुछ स्पष्ट नहीं कहते थे। किन्तु मधुरिमा और नौकर की प्रति बात प्रति पदध्वनि मनोयोग से सुनते थे और उसी का तर्क किया करते थे। मंदिरानंद कभी कभी सोचते थे यह सब मिथ्या बात है। दासी ने क्रोध वश यह कह दिया है। किन्तु फिर संदेह उत्पन्न होता। मंदिरानंद का मन इसी भांति है। एक दिवस बाहर के दरवाजे कशब्द हुआ। नौकर इसके पहिले ही बाजार गया था। इससे मधुरिमा ने आप जाकर दरवाजा खोल दिया।

एक युवा पुरुष घर में प्रवेश करके मधुरिमा को देखकर जरा हंसा। मधुरिमा भी उसको देखकर हंसी पीछे युवक ने मधुरिमा को दरवाजे के भाड़ में बुला कर अस्पष्ट स्वर से कुछ कहा। अनन्तर मधुरिमा ने निःशब्द से दरवाजा बन्द करके, युवक को पीछे पीछे लेकर गृह में प्रवेश किया। मधुरिमा स्वभाविक पावों का शब्द करके जाने लगी और युवक भी निःशब्द से जाने लगे। दोनों अन्तःपुर में आ रहे हैं इतने में मंदिरानंद ने मधुरिमा को पुकार कर पूछा, "दरवाजे में कौन था?" मधुरिमा अम्लान मुख से बोली, "कोई तो नहीं।" मंदिरानंद बोला, "फिस फिस् करके किससे बातें करती थी?" मधुरिमाबोली "किसी से तो नहीं।" मंदिरानंद ने दीर्घ निश्वास त्याग करके मौनावलम्बन किया। मधुरिमा मंदिरानंद के ओर देखकर मृदु हंसकर वहां से चली गई। मधुरिमा क्या यह तुम को उचित है? जिस स्वामी को तुम देवता तुल्य जानती थी, आज उसकी आंख गई है इससे उनको इतना हेय ज्ञान करती हो? धृतराष्ट्र अन्धे थे इससे गान्धारी निज आंख वस्त्र से बांध रहती थी। तुमको क्या यही उचित है? मधुरिमा स्वामी के साम्हने से चली गई। आगन्तुक युवक भी उसके पीछे २ चला। उस गृह से दूसरे गृह में प्रवेश करने के समय युवक का जूता चौकठ में लगकर शब्द हुआ। वह शब्द ने मंदिरानन्द के कर्णकुहर में प्रवेश किया। मंदिरानंद के मन में आया मानो कोई जूता से उनका हृदय आहत करता है। उन्होंने मधुरिमा को पुकार कर पूछा, "किसका शब्द हुआ?" मधुरिमा बोली, "कहां शब्द हुआ" मंदिरानंद फिर चुप होकर बैठे। मधुरिमा युवक के पास गई। और उसके साथ बात करने लगी। मन्दिरानन्द सोचे। नौकर प्रकाश्यभाव से निकल कर फिर गुप्त भाव से आया है। फिर धीरे से निकल कर प्रकाश्य भाव से प्रवेश करेगा।

मधुरिमा युवक के साथ बहुत देर पीछे बाहर फिर आई। और युवक को बोली, "इसी समय जाओ। नहीं तो प्रकाश हो जायगा।" यह कहकर धीरे से बाहर के दरवाजे के पास जाकर युवक को विदा कर दिया किन्तु फिर दरवाजा बन्द करने का शब्द हुआ। मंदिरानन्द बोला, "कौन है?" मधुरिमा ने देखा अब नहीं छिप सकता इससे बोली, "नौकर अभी तक आया कि नहीं देखने गये थे।" यह कहते २ फिर दरवाजे का शब्द हुआ। मधुरिमा ने जाकर दरवाजा खोल दिया। अब की नौकर ने प्रवेश किया। और बात करते २ घर के भीतर आया। मंदिरानन्द सोचे, "अब की प्रकाश्य प्रवेश किया है।"

नवम स्तवक ।

शयन मन्दिर में ।

' तदलं त्वय्यतामेष निश्चयं पापनिश्चयं '

सूर्य अस्तमित हुआ । जगत गाढ़ तिमिरावृत हो गया। उससे विशेष गाढ़तर तिमिर ने मन्दिरानन्द के हृदय को आच्छन्न किया जगत् के साथ मानव हृदय की सम्पूर्ण एकता है अरुणोदय से केवल जगत् हंसता है यही नहीं है समस्त जीवलोक सूर्यलोक से प्रफुल्ल होता है लाख चिन्ता हो किन्तु रात को अपेक्षा दिवा भाग में मन निरुद्वेग रहता है। यामिनी आप मलिन है, इससे सबको मलिन करने से वह प्रफुल्ल होती है ।

रजनी के आगमन से मंदिरानन्द का हृदय बहुत ही सन्तापित होने लगा। मधुरिमा रन्धन करके मंदिरानंद को भोजन करने बुलाया । मंदिरानंद ने क्षुधा नहीं है कहकर भोजन नहीं किया। और सब ने आहार किया। नौकर लोग जाकर अपने अपने स्थान पर सोए। मधुरिमा स्वामी के बिछौने के पास बैठ कर पंखा झांकने लगी। मंदिरानन्द ने चिन्ता किया, मधुरिमा उनको सुलाने के वास्ते पंखा हांक रही है । इससे बोले, "आज तुमको पंखा नहीं हांकना होगा। हमको ज्वरांश है शीत लग रहा है। तुम सो रहो।"

मधुरिमा ने स्वामी के सिर में हाथ लगाया। मंदिरानन्द के सिर में वह हाथ आग की भांति लगा। अनन्तर मधुरिमा सो गई। मंदिरानंद थोड़ी देर लेट कर पलङ्ग पर उठ कर बैठ कर सोचने लगे, ऐसी स्त्री के साथ कैसे सहबास करेंगे, मधुरिमा को वह विषधर सर्प की भांति जानने लगे। बहुत देर तक नाना प्रकार की चिन्ता करके प्रकाश्यरूप से कहने लगे।

"मधुरिमा ! तुम्हें क्या यही उचित है ? तुम ऐसी हो जाओगी यह हम स्वप्न में भी नहीं जानते थे। हम अब अन्धे हुए हैं, इससे आशा थी कि तुम अब हमको विशेष यत्न करोगी ? सो न करके तुमने हमको त्याग किया ?" इतना कहकर मंदिरानंद रुलाई नहीं रोक सके। उन उच्छ्वास से मधुरिमा की निद्रा भंग हुई। किन्तु वह जागी है इसको प्रगट नहीं किया। चुप होकर मंदिरानन्द की बात सुनने लगी। मन्दिरानन्द फिर कहने लगे, "मधुरिमा क्षमा करो तुमको वृथा हम दोष देते हैं ! यह दोष तुम्हारा नहीं

है। यह हमारे अदृष्ट का दोष है। तुमने तो हमको उसी दिन पढ़ने को निषेध किया था। हमने तुम्हारा कहना नहीं माना पढ़ा इसी से आंख गई। हमारा अदृष्ट यदि अच्छा होता तो सर्वदा तुम्हारी बात सुनकर उस दिन तुम्हारी बात क्यों नहीं माने। हमारा अदृष्ट अच्छा होता तो तुम हमको क्यों त्याग करती। किन्तु मधुरिमा तुम्हारी आंख यदि अन्धी होती तो हम कभी तुमको न अनादर करते। कभी तुमको त्याग करके दूसरा व्याह न करते। मधुरिमा तुम्हें आंख है किन्तु तुम हमारा हृदय नहीं देखती हो हम तुमको कितना चाहते हैं। तुम्हारे बिना हम जी नहीं सकते यह तुम को नहीं मालूम है।

तुम कहोगी "अन्धे को चाहने की हमको क्या आवश्यकता है।" सत्य है, किन्तु मधुरिमा तुम्हारा अन्तःकरण मृणाल से भी कोमल है सो तो हम जानते हैं हमारे चाहने के कारण नहीं हमारे अन्तर का कष्ट एकबार देखने से तुम कभी नहीं हमको त्याग सकती थीं। यदि कोई पराया होता तो भी तुम उसका कष्ट नहीं सह्य कर सकती। फिर हमारा कष्ट तुम सह सकतीं यह तो कभी सम्भव ही नहीं है। मधुरिमा अब भी फिरो। तुमने जो किया सो किया। अब हमको मत त्यागो सहस्र दोष में दोषी हो तो मधुरिमा तुम हमारी ही हो। एक बार तुम हमको तुम हमारे ही हो। यह कहकर पुकारो तो हमारा सब दुःख जावें।"

इतना प्रकाश से कह कर मन्दिरानंद चुप हुए। मधुरिमा के आंख से आंसू बहने लगा। किन्तु वह प्रकाश में कुछ नहीं बोली।

दशम स्तबक।

—*—

व्याह।

जेहिदिसि बैठे नारद फूली । तेहि दिसि तेइ न बिलोकेउ भूली॥

चन्द्रप्रभा के व्याह का दिन स्थिर हुआ है। आनन्दविग्रह आनंदसलिल में बह रहे हैं ढुंढिराज दुःख में डूब रहे हैं। आनंदविग्रह के ऊपर उनको बड़ा क्रोध हुआ है। मन मन में चिन्ता कर रहे हैं, "आनंदविग्रह को अन्त में धरना देना पड़ा यही धरना पहिले ही देते तो अच्छा होता। तो हमारी इतनी क्षति क्यों होती।"

गोकुलोत्सव दिन भर व्याह के उद्योग में व्यस्त हैं, भगिनीपति के पास बैठकर बात करने की फुरसत नहीं है। क्रम से सब उद्योग हो गया, कल रात का व्याह है। ढुंढिराज को पूर्वरात निद्रा ही नहीं हुई। चन्द्रप्रभा मिलेगी इस लोभ से उनका चित्त उछलने लगा। किन्तु कुछ पण नहीं मिलेगा यह सोच कर दुःख भी होने लगा। आनन्दविग्रह के ऊपर उनको बड़ा ही क्रोध हुआ इन्हों ने नहीं क्यों थोड़ी देर पहिले धरना नहीं दिया यही उनका दोष है।

व्याह के दिन ढुंढिराज और आनन्दविग्रह दोनों ने उपवास किया। निमंत्रित व्यक्ति लोग धीरे धीरे आने लगे।

व्याह का लग्न बहुत रात्र बीते है। सुतरां सब कोई बैठक में बैठकर नाना विध गल्प और दुलहे को लेकर हंसी ठट्ठा करने लगे।

थोड़ी देर पीछे ढुंढिराज बोले, "गोकुलोत्सव कहां है?" आनन्दविग्रह बोला, "क्यों?" ढुंढिराज बोला, "उनके साथ हम को विशेष प्रयोजन है उनको एक बार बुला दो।"

गोकुलोत्सव गृह के भीतर काम में व्यस्त थे इस से उनको आते कुछ विलम्ब हुआ। ढुंढिराज चिढ़ कर बोला, "हम बुलाते हैं और वह इतनी देरी कर रहे हैं?"

पास एक ब्राह्मन बैठा था, वह ढुंढिराज की बात सुन कर चिल्लाकर बोला, "गोकुलोत्सव बाबू जल्दी आइये शिशुपाल क्रोध कर रहे हैं।" ढुंढिराज क्रोध के स्वर से बोला, "आप क्या कहते हैं?" वह व्यक्ति बोला। "कुछ नहीं।"

ढुंढि क्रोधित होकर चिन्ता कर रहे हैं क्या उत्तर देंगे।

इतने में गोकुलोत्सव आए। ढुंढि उनको देखकर बोला, "ऐसे स्थान में हम व्याह करने नहीं चाहते दो घड़ी भी हमको सब सुस्थिर नहीं रहने देते।"

गोकुलोत्सव बोले, तुम लोग सब कोई चुप रहो पीछे ढुंढिराज से कहा महराज! "व्याह की रात तो हंसी होती ही है, आप इन सब बातों में क्यों कान देते हैं?" ढुंढि बोले, "और एक बात है, हम बीस रुपया दायजा बिना लिये व्याह न करेंगे" गोकुलत्सव बोला, "यह कैसा आपने तो पहिले ऐसी बात नहीं कही थी?"

ढुंढि बोले, "हमने कब नहीं कहा था? हम से किसने पूछा था?"

आनंदविग्रह के साथ ढुंढिराज की बात चीत हो गई थी कि ब्याह के समय किसी छल से कुछ ले सकें तो उस में उनको कोई आपत्ति नहीं है।

गोकुलोत्सव बोले, "आनंदविग्रह से तो आपने कहा था पण नहीं लेंगे। क्यों पंडित जी आप ने यह बात कही थी न ?"

आनन्दविग्रह बहुत ही अप्रतिभ होकर बोले, "हां—नहीं। मोई तो—सो भी नहीं—किन्तु कुलीन के लड़के ब्याह के समय कुछ पाते हैं।" गोकुलोत्सव बोला, "यह आप का बड़ा अन्याय है" आनंदविग्रह बोला, "जाने दो जाने दो यह सब बात इस समय जाने दो पीछे होगी। अब तुम इन के कुटुम्ब हुए दस पांच रुपया मांगने से क्या तुम इनको नहीं दोगे ?"

गोकुलोत्सव बोला, "वह स्वतन्त्र बात है ढुंढिराज को यदि कन्या देंगे तो क्या दो चार रुपया वह चाहेंगे तो नहीं पावेंगे ?" गोकुलोत्सव की बात के भाव से बोध हुआ कि अभी कन्यादान में भी विशेष संदेह है। तब आनंद-विग्रह और ढुंढिराज बोले, "यह कैसी बात है ?"

गोकुलोत्सव बोला, बीस रुपया न पाने से वह तो ब्याह नहीं करेंगे न ? इसी से कहा ।

गोकुलोत्सव की बात सुनकर ढुंढिराज का हृदय कांप उठा। सोचे रुपया मांगकर अच्छा नहीं किया। गोकुलोत्सव और दो चार मनुष्य भीतर गये। ढुंढिराज बाहर इसी सोच में बैठे हैं कि रुपया क्यों मांगा। इतने में गृह के अन्तःपुर से वेदपाठ और ढोल आदि का शब्द हुआ। उसी समय गोकुलो-त्सव फिर बाहर आए।

आनंदविग्रह बोला, "लग्न का समय क्या उपस्थित हुआ ?" गोकुलोत्सव बोले। "जान तो पड़ता है" स्वर भंग की भांति घबड़ा कर पूछने लगे "इसका अर्थ क्या है ?" गोकुलोत्सव बोले. "इसका अर्थ यही है कि ब्याह हो गया। इसका अब और क्या अर्थ हो सकता है ?" यह कह कर सभास्थ सब को पुकार कर बोले, "आप लोग उठिए आहार का उद्योग हो गया है।"

निमंत्रित व्यक्ति गण प्रतिवासी आदि सब कोई इस व्यापार को पूर्व से जानते थे। इससे किसी को इस बात में आश्चर्य नहीं हुआ। सब कोई उठने के समय ढुंढिराज का कान मलमल कर जाने लगे।

ढुंढिराज चिल्ला चिल्ला कर कहने लगे।

"टोहाई मजिसट्रेट साहब की, टोहाई कम्पनी बहादुर की

आनन्दविग्रह बोला, "ढुंढिराज जरा चुप रहो। व्यापार क्या है जरा समझने दो।" आनन्दविग्रह जितना मना करते थे उतनाही ढुंढिराज "टोहाई मजिसट्रेट साहिब की, हमारी जात भी लिया, हमारा कान भी मल रहे हैं यह कह कर रोने लगा।

गोकुलोत्सव ने आनन्दविग्रह का हाथ पकड़कर कहा "व्यापार; सुनने चाहते हो कि देखने चाहते हो?"

आनन्दविग्रह बोला, "सुनने भी चाहते हैं देखने भी चाहते हैं।"

"तब हमारे साथ आओ।" यह कह कर गोकुलोत्सव आनंदविग्रह को साथ लेकर गृह के अन्तःपुर में गए। उसी साथ ढुंढिराज भी गए जिस स्थान में दुलहा और कन्या थे गोकुलोत्सव उसी स्थान में आनंदविग्रह को ले गए और दुलहा से बोले,

"पूर्ण! यह तुम्हारे श्वशुर हैं इन को प्रणाम करो।" पूर्ण ने प्रणाम किया। आनंदविग्रह क्रोध से बोले, "आशीर्वाद अब तुम को क्या दें शीघ्र तुम मरो यही हमारी प्रार्थना है।" ढुंढिराज चिल्लाकर बोला, तुम्हारा जल्दी सत्यानाश हो।

" गोकुलोत्सव उन लोगों के मुंह से ऐसी बात सुन कर क्रोध से बोले, " निकलो तुम लोग हमारे घर से जितना बड़ा मुंह नहीं उतनी बड़ी बात कहते हो। आज आनंन्द के दिन असंगल शब्द कह रहे हो।"

यह कह कर ढुंढिराज की छाती में हाथ लगा कर धक्का दिया। ढुंढि विचारे सारा दिन उपवास थे, धक्का सम्हाल कर आनंदविग्रह के ऊपर गिरे। ढुंढिराज मट्टी पर गिर पड़ा और चिल्लाने लगा। "हमको मार डाला कोई कहीं हो तो बचाओ हमारा सर्वस्व लूट लिया हमारा रुपया पैसा सब लिया कोई आकर रक्षा करो टोहाई मजिसट्रेट साहब की टोहाई कम्पनी की।"

यह चिल्लाना सुन कर लोग जो थे सब दौड़ कर वहां आए। आनन्दविग्रह रोते रोते बोले,

"तुम लोग सब कोई देखो हमारा हाथ टूट गया है। हम अभी थाने पर जाते हैं।"

ढुंढिराज बोला, "तुम लोग सब कोई देखो हमारा नगद दो सौ रुपया

था। पांच थान मोहर थी, सब लूट लिया। हमको इसके कारण लाट साहब के पास जाना होगा तो भी हम जायेंगे।"

गोकुलोत्सव बोले, "जाओ तुम लोग कहां जाओगे जाओ। यहां शोर करोगे तो मार कर हड्डी तोड़ देंगे।" यह कहकर दोनों का हाथ पकड़कर घर के बाहर निकाल कर दरवाजा बंद कर दिया।

एकादश स्तवक।

—॰—

उपसंहार।

"किमपि समसो मम्मोहो तदा बलवानभूत।"

चन्द्रप्रभा के व्याह में मधुरिमा का न्यौता हुआ था। व्याह होजाने से वह अपने घर आकर मन्दिरानन्द के पास आई। मन्दिरानन्द अपने बिछौने पर लेटे थे, मधुरिमा बोली, "तुमको यदि एक सुसमाचार हम दें तो हम को तुम क्या दोगे ?"

मन्दिरानन्द बोला, "कौन है ! मधुरिमा ! क्या सुसमाचार है ?" मधुरिमा बोली, "आगे इसको क्या दोगे बोलो ?"

म० "यह अन्धे को तुम से क्या अदेय है ?"

म० "हम यह सुनने नहीं चाहते। तुम जरा हंसोगे कि नहीं और हमारा समस्त अपराध क्षमा करोगे या नहीं ?" मन्दिरानन्द गम्भीर स्वर से बोले, "अन्धे के क्रोध से तुम्हारा क्या होगा ?"

"तब तुम कुछ नहीं दोगे—हम वैसे ही कहते हैं चन्द्रप्रभा के साथ पूर्णप्रकाश का व्याह हो गया।"

मं० "यह कैसा ? ढुंढिराज का क्या हुआ ?"

म० "उसका शिशुपाल का व्याह हुआ है।"

मन्दिरानन्द बोले, "क्या हुआ सब स्पष्ट कहो।"

मधुरिमा बोली, ढुंढिराज को देख कर चन्द्रप्रभा की मा ने प्रतिज्ञा किया कि उसके साथ कन्या का व्याह नहीं करेंगी। यह सुनतेही आनन्दविग्रह ने नहाना खाना त्याग दिया कहा अनाहार से प्राणत्याग करेंगे। चन्द्रप्रभा की मा क्या करें ? उस से कहा कि ढुंढिराज को कन्या देगी इधर गोपन से पूर्ण को यहां आने को पत्र लिखा पूर्ण पत्र पाकर यहां आया, आकर सिर की

कसम देकर हमें निषेध किया कि तुम्हारे कान में अभी यह बात न जाय। हमने बहुत कहा तुमको कहने से कोई क्षति नहीं है। तब भी वह नहीं माना। दो एक दिन आते हुए दासी ने उसको देखा था किन्तु सन्ध्या के पीछे आता था इस से पहिचान न सकी उसने जाना नौकरही चुपचाप निकल जाता है। यह सोच कर उस के मन में सन्देह हुआ। हम को बुरी बात बोली इससे हम ने उसको निकाल दिया। जाने के समय वह तुमको कुछ कह गई थी इनसे तुम्हारे मन में सन्देह हुआ है उस दिन रात को तुम्हारी बात सुनकर हमने जाना। हम उसी समय सब बात तुमको कहते। किन्तु पूर्ण ने कसम दिया था इस से नहीं कहा। भला हम क्या इस जन्म में तुम को त्याग सकते हैं? तुम्हारे ऐसा---मन्दिरानन्द इतना सुनकर मधुरिमा का हाथ पकड़ कर बोले "बस रहने दो हम सब समझ गए। मधुरिमा हमने बड़ा अपराध किया है क्षमा करो।"

मधुरिमा बोली, "हम तुम को क्षमा करेंगे ?"

तुम हमको क्षमा करो कि पूर्ण के कहने से हमने यह सब बात तुम से छिपाया था। हमारा बड़ा कठिन प्राण है कि तुम्हारा यह कई दिन का कष्ट देख कर भी हमने गुप्त बात प्रकाश नहीं किया। तुम्हारी स्त्री होना दूर रहे हम तुम्हारी दासी के योग्य भी नहीं हैं पूर्व की भांति मधुरिमा का हाथ पकड़ कर मन्दिरानन्द बोले, "तुम्हारा दोष इस में क्या है? तुम को कसम देकर कहा था इस से तुमने हमसे नहीं कहा दोष हमारा है। हम जो दासी की बात सुनकर तुमको कलंकी भी सोचे थे, यह हमारा बड़ा भारी अपराध है। तुम हमें क्षमा करो।" यह कह कर मन्दिरानन्द मधुरिमा दोनों कण्ठ लग कर प्रेमाश्रु बरसाने लगें।

सौन्दर्यमयी

सौन्दर्य्यमयी।

वियोगांत—उपन्यास।

बंग भाषा में

श्रीमती मल्लिकादेवी द्वारा अनुवादित।

श्री अम्बिकाचरण चट्टोपाध्याय द्वारा
काशी दशाश्वमेधस्थ अमर यन्त्रालय
में मुद्रित।

श्री हरिश्चन्द्र सम्वत् ३

गुरु पूर्णिमा २८४४

मूल्य ।)

॥ सौन्दर्यमयी ॥

वियोगान्त—उपन्यास।

प्रथम—स्तवक।

विवाह।

विलासपुर ग्राम में रामदास नाम का एक ब्राह्मण रहता है। वह सामान्य धनी है। उसका दस बारह हजार रुपया सरकार में जमा है; उसीके व्याज से एक प्रकार दिन काटता है। कम्पनी का कागज छोड ग्राम में सामान्य गृहस्थों को जो सम्पत्ति होती है सो उसको भी थी। रामदास की अवस्था पचास बर्ष की है। उसकी स्त्री का नाम लज्जावती। लज्जावती की अवस्था चौतिस से कम नहीं थी। इतनी अधिक अवस्था होने पर भी उसको सन्तानादि नहीं हुआ, बहुत देव देवी का आराधना और सन्तान के उद्देश्य से देवानुष्ठान करने से, देवानुग्रह से, या अन्यारीति से हम नहीं जानते किन्तु उसने एक कन्यारत्न लाभ किया। कन्या का नाम सौन्दर्यमयी रक्खा। सौन्दर्यमयी बहुत दिन सन्तानप्रार्थी पिता माता की कितनी आदर की सामग्री हुई इसका उल्लेख बाहुल्य मात्र है। वे लोग क्षणकाल भी उसका बियोग सह्य नहीं कर सकते थे।

(२)

उसको पाकर आमोद प्रमोद से दिन काटने लगे। उन लोगों के जीवन का सुख, आशा, भरोसा, सब उसीपर निहित रहा। रामदास और लज्जावती एक मात्र अन्धे की यष्टीस्वरूपिणी सौन्दर्यमयी को उपलब्ध करके कितने प्रकार की आशा, कितने प्रकार का सुख अनुभव करने लगे सो लिखना दुःसाध्य है। उस आशा और कामना का कभी क्षय नहीं था दिन दिन बढ़ता ही जाता है। इस समय सौन्दर्यमयी की अवस्था सात वर्ष मात्र है। सौन्दर्य पिता माता का अनन्त आनन्द बढ़ाती हुई दिन दिन शशि कला की भांति बढ़ती जाती है। लज्जावती को उसको व्याह देने की इच्छा प्रबल हुई। वह उसके व्याह के कारण रामदास को नित्य आप विनय करने लगी और पड़ोसियों से भी कहलाया। पीछे रामदास ने लज्जावती और पड़ोसियों के परामर्श से या हठ के वशीभूत होकर सौन्दर्य का विवाह करना स्वीकार किया॥

थोड़े ही दिनों में एक धनाढ्य व्यक्ति के एक मात्र पुत्र के साथ शुभक्षण शुभलग्न में, अति धूम धाम से उसका व्याह किया। जामाता की अवस्था आठ वर्ष मात्र है। देखने में अति सुन्दर है। सुवर्ण सुवर्ण से मिला। क्या यह कम आनन्द का विषय है? सौन्दर्य के माता पिता को आनन्द की सीमा न रही किन्तु वह अभी सप्तमवर्षीया बालिका है। उसको यह सब आनन्द अच्छा नहीं लगा, उसने मन

में सोचा, "यह सब क्या है ? इस्से हम अपनी सखी से खेलने पाते तो अच्छा होता।" दूसरे दिन सौन्दर्यमयी श्वसुर गृह चली। लज्जावती रामदास रोनेलगे। वह भी चिल्ला कर रोने लगी कि मैं अपने पिता माता को छोड़ न जाउंगी। पड़ोसी इत्यादि उसको समझाने लगी वह बालिका क्या समझे ? बोली, "अजी हमी बाजा न सुनेंगे हमारा व्याह फेर लो।" एक पड़ोसिन बोली, "चल् पगली व्याह क्या फिरता है ?"

सौन्दर्य बोली, "क्यों नहीं फिरता ? हमने कई बेर अपनी सखी से गुड़िया का व्याह फेर लिया है।"

वहां अष्टमवर्षीय वर खड़ा था उसको एक स्त्री बोली, "हाथ पकड़ कर ले जाओ।" वह भी बालकही था इन लोगों की हंसी मस्खरी क्या समझे ? बोला, "चल ना" सब औरतें हंसने लगीं। सौन्दर्य फिर रोने लगी। कई स्त्रियों ने रोती हुई बालिका को बल पूर्वक पालकी में बैठा दिया सौन्दर्य पालकी में से चिल्ला कर रोने लगी। रामदास के ज्ञाति की एक बूढ़ा स्त्री उसको पकड़कर पालकी में बैठी रही। वह रोते रोते श्वसुर गृह गई। इधर लज्जावती रोने लगी। रामदास भी विषण्ण हुआ।

इतने आनन्द से आनन्द बढ़ाने के कारण सौन्दर्य को व्याह दिया। किन्तु यह क्या ? अब रोना क्यों ? क्या आनन्दाश्रु है ? नहीं:—तब ? सौन्दर्यमयी इतने दिन में अब

पराई हुई इसी कारण इन लोगों के नेत्र से आंसू गिर रहा है।

मनुष्य एक सोच कर एक कार्य करता है, किन्तु दूसरा हो जाता है यही संसार की लीला है।

द्वितीय स्तवक

सौन्दर्यमयी विधवा।

सौन्दर्य का ब्याह शेष हुआ। जो सौन्दर्य बाल्यकाल में माता पिता के यत्न बिना दूसरे का यत्न नहीं जानती थी, आज दैवानुग्रह से या प्रजापति की प्रसन्नता से उसने श्वसुर सास का भी यत्न देखा। अब सौन्दर्यमयी विवाहिता हुई; स्वामी पाया है, किन्तु स्वामी क्या वस्तु है सो अभी नहीं जानती। ईश्वर यद्यपि दिन देगा तो सौन्दर्य स्वामी के सुख से सुखी होगी, उसके माता पिता के मन में यह आशा रही किन्तु उसका अभी इस चिन्ता के करने का समय नहीं था। उसको ब्याह का आनन्द कुछ नहीं मिला। उसने इतना ही समझा था पहिले बाल बांधकर सेंदुर नहीं लगाती थी, अब उसका तिलक कर सेंदुर लगाने के समय वह बड़ी खुशी होती है। देखते देखते—ए-

(५)

क दिन—दो दिन—महीना, महीना पर महीना—इसी भाँति दो बरस बीत गया। इस समय जामाता की अवस्था दस बरस। लज्जावती सर्वदा जामाता को बुलाती है कन्या और जामाता को फूलों के गहने से सजकर अपने गोद में बैठाकर मुख देखा करती है। उसको सौंदर्य के बाल्य बिवाह का सुख इसी में मिलता था। सौन्दर्य पितृ गृहमें हीं रहती है। इस समय उसकी अवस्था नौ बरस है। वह ग्राम्य पाठशाला में पढ़ने जाती है। दूसरी बालिका जो सात दिन में पढ़ती हैं; सो वह एकही दिन में पढ़ती है। उसको जो देखता वही प्यार करता है। एक तो वह बालिका दूसरे लज्जा, नम्रता, सौजन्य, दया मया प्रभृति उसके मुखपर बिराजता था।

एक दिवस वह पाठशाला से घर आती थी। इसी समय उसके घर से रोने का शब्द सुनाई पड़ा। वह चौंक उठी, दौड़ कर घर आई। देखा उसकी मा मिट्टी में लेट कर चिल्लाकर रो रही है तीन चार स्त्री भी वहीं बैठ कर रोती हैं। उसको देख सब और भी चिल्लाकर रोने लगीं। वह भी रोई। क्यों! उसने भी नहीं समझा। माता को रोते देख बालिका भी रोने लगी।

वह रोती हुई माता के पास खड़ी होकर एक दृष्टि से उस के मुख को देखने लगी, पीछे माता के निकट बैठ उस के छाती पर अपना सिर रख कर रोने लगी। थोड़ी देर

(६)

पीछे उसका रोना थमा। उसको रोना अच्छा नहीं लगता था, वह रोने का कारण भी विशेष नहीं समझती थी, उस की माता " अरे हमारी दूध की बेटी बिधवा भई रे " कह कर रोती है। इस्से वह समझी थी कि बिधवा भई है, किन्तु इसमें उसकी क्या हानि है। यह उसके बोध में नहीं आया, इस्से कुछ बिरक्त हो वहां से उठ चली।

बाहर बैठक में रामदास रोता था, सौन्दर्य उसके पास आई। रामदास कन्या को निकट बैठाकर रोते रोते बोला " हाय ! बेटा तेरे भाग्य में बिधाता ने इतना दुःख लिखा था। "

सौन्दर्य नहीं समझी रोते स्वर से बोली,

" बाबा काहे रोते हो ? "

इस बात पर रामदास और भी रोने लगा: बोला, " बेटा हम क्यों रोते हैं सो तू नहीं जानती, यह दुःख हमको और भी है। आज इस रोने का कारण तू समझती तो तू ही अधिक रोती हम न रोते॥

सौन्दर्य स्तब्धभाव से बैठी रही।

—*+*—

(७)

तृतीय स्तवक ।

बाल्य विवाह का फल ।

आज सौन्दर्यमयी विधवा । लज्जावती की प्यारी कन्या बाल विधवा हुई । हा मानव ! ईश्वर तुम्हारे अदृष्ट में चिर सुख नहीं लिखते । देखो सुख बढ़ाने के लिए, सौन्दर्य के पिता माता ने उसको बाल्यावस्था में ब्याह दिया मानव मन में आपही कितने प्रकार का सुखाभिलाष सृजन करते हैं किन्तु मनुष्य बनाता है; विधाता उसको बिगाड़ता है लज्जावती और रामदास की बहुयत्न प्रतिपालित आशा कानन प्रबल काल रूपि आंधी से छिन्न भिन्न होगया । किन्तु सौन्दर्य अभी बालिका यह सब कुछ नहीं समझती. पहिले के भांति खेल कूद में मस्त रहती थी ।

आज सौन्दर्य की प्यारी सखी लावण्यमयी का ब्याह है । सौन्दर्य के आनन्द की सीमा न रही । लावण्य के ब्याह में जाने के कारण माता ने उसका बाल बांधकर गहना कपड़ा पहिना दिया । वह दर्पण में अपना मुख देखते २ बोली ।

"मा ! एक टिकली लगा दो "

उसकी माताने लगा दिया फिर बोली,

(८)

"मा ! हमको सेंदुर नहीं लगाया? पहिले तो तू कहती थी हमको सँदुर लगाने से सुन्दर लगती है"

उसकी माता, कुछ उत्तर न देकर एक दीर्घश्वास लेकर उसको छाती से लगाकर रोने लगी। वह रोने का मर्म्म तो समझी नहीं; आश्चर्य युक्त होकर माता—के मुख को देखने लगी।

थोड़ी देर पीछे सौन्दर्य लावण्य के व्याह में गई, उसको महा अनन्द; पान लगाती, किसी के लड़के को खिलाती चण इधर दौड़कर जाती, चण उधर दौड़ कर जाती, इतने में बर आया। सब औरतें बरण की सामग्री उठाने लगीं, वह भी दौड़ कर उठाने गई। लावण्य की मा बोली, "सौन्दर्य ! बरण को सामग्री सगुन की है तुम मत छूना" सौन्दर्य कुछ सरमा कर बोली, "चाची हम क्यों न छूवें ?" ग्राम के नाते सौन्दर्य लावण्य को माता को चाची कहती थी लावण्य की मा बोली, "यह सधवा छूती हैं तुम विधवा हो तुम नहीं छूना है।"

सौन्दर्य कुछ दुःखी हो एक किनारे खड़ी रही उसकी आंखों में जल भर आया। स्वामी के कारण नहीं, क्योंकि स्वामी क्या बस्तु है सो वह अभी तक नहीं जानती। बरण सामग्री छूने नहीं पाई उसको यही दुःख हुआ।

सौन्दर्य उदास हो कर फिर आई। लज्जावती बोली, "सौन्दर्य ! अभी क्यों फिर आई ?" सौन्दर्य रोते स्वर से बोली, "मा ! चाची ने हमे बरण की सामग्री नहीं छूने

दिया। लज्जावती नेत्र में आंसू भरकर बोली, "रात हुई है, अब वहां मत जाना सो रहो।"

सौ०। मा! न जांए?

ल०। नहीं बेटा।

सौन्दर्य दीर्घश्वास लेकर माता के निकट सो रही। लज्जावती रात भर रोई। सौन्दर्य ने एक बेर पूछा, "मा! काहे रोती है? लज्जावती बोली, "नहीं बच्चा नहीं रोते तुम सोओ।"

सौन्दर्य कोनींद आगई, सौन्दर्य सो गई।

और एक दिवस लावण्य की माता ने लावण्य का बाल बांध कर सेंदुर चढ़ा दिया। सौन्दर्य वहां बैठी थी देखकर बोली, "देखो चाची! हम सेंदुर लगाने चाहते हैं तो मा रोती है। तुमने तो हमारी सखी को सेंदुर लगा दिया।" इस बात पर लावण्य की माता ने बड़ा क्रोध किया था। सौन्दर्य ने क्रोध का मर्म्म नहीं समझा, किन्तु उसको चित्त में दुःख हुआ। उसने घर आकर उस बात को भी अपनी माता से कह दिया। लज्जावती का हृदय दूखा। चित्त में बोली,

"हे भगवान् तुम्हारे चित्त में यही था? देव! हमको अति कष्ट है अब तो अपने चरणतलों में स्थान दो संसार के अमहा दुःखों से तो छुट्टी पाते। भगवन्! बहुत मिन्नती कर कर के एक सन्तान मागते थे; सो कृपा दृष्टि से हमारे मुख को देखे तो सुखी क्यों नहीं किया? तुम तो अन्त

यामी हो। जो जानते थे सुखी न होंगी तो प्रभु! कन्या रत्न क्यों दिया? अब तो उस सुख स्वप्न को भग्न किए हो तो मृत्यु क्यों नहीं देते?

लज्जावती यह चिंता कर के बहुत रोई।

चतुर्थ स्तवक

सखी—सहित।

इस समय सौन्दर्यमयी की अवस्था चतुर्दश वर्ष है। सौन्दर्य दिन रात उदास रहती है; उस हंसी हंसी मुख की हंसी जैसे किसी ने छीन ली है, वह लम्बे लम्बे दो नेत्र किसी ने जल में बोड़ दिये हैं, उस सुवर्ण लावण्य छटा में किसी ने स्याही मिला दी है। किन्तु क्या जाने, ईश्वर की कैसी सृष्टि है? कि इस विषाद कानन में भी यौवन फूल खिला। उसके इस यातना को यौवनने नहीं समझा। उसी ऊषर के क्षेत्र में अपना राज्यत्व विस्तार करने लगा। अङ्ग के जो२ स्थान क्षीण और अपुष्ट थे, वह अङ्ग सरस और पुष्ट हुए। सौन्दर्य के अङ्ग में मदन के अपरूप राज्याधिकार की विजय पाताका उड़ने लगी। वह किसी प्रकार का

यत्न नहीं करती, तथापि उसके यौवन कानन में नित्य नवीन फूल खिलने लगे ॥

सौन्दर्यमयी एक दिवस सन्ध्या के समय अपनी प्रिय सखी लावण्यमयी के साथ घर के निकट एक सुन्दर कानन मध्य सरोवर में अङ्ग मार्ज्जन को गई । दोनों ने कुछ देर जल क्रीड़ा किया, पीछे अङ्ग को जल में बोड़, मुख को जल के ऊपर निकाल बातें करने लगी । लावण्य बोली,

" सखी ! यह सुन्दर सुवर्ण पुत्तल विधाता ने क्यों बनाया ? "

सौ ! जलने ॥

ला । देख सौन्दर्य ! तुझको देखते मेरी छाती फटती है ॥

हाय ! तब तेरा ब्याह न हुआ होता तो आज तैं विधवा न होती । तेरा जीवन वृथा गया । तुझको किसी बात का सुख न मिला । स्वप्न की भांति सब हुआ । जैसे गुड़िया का खेल ॥

सौन्दर्य उदास होकर बोली, " सखी ! हमने सुना था ईश्वर दयामय है, किन्तु वह दयामय होकर भी क्यों हमारे पर निठुर हुए सो वही जानें पुस्तक में पढ़ते हैं "पतिप्रेम" सो पतिप्रेम जानना तो दूर की बात है, पति का मुख देखा है यह भी स्मरण नहीं आता ॥ "

ला । हाय ! तब तेरा ब्याह न होकर अब हीरालाल

भैया के साथ होता तो तू सुखी होती॥

सौन्दर्य के गाल और ओंठ पर रक्त का सञ्चार हुआ पाठक हीरालाल के विषय में कुछ पीछे लिखेंगे।

मेरी प्यारी सखी ! मेरे पास क्यों छिपाती है ? भला मुझ से क्यों सरमाती है ? क्या तू हीरालाल को नहीं चाहती ? हीरालाल को देखने को तू व्याकुल होती है। उसको देखने से सुखी रहती है, मैं सब जानती हूं॥

सौ। नहीं सखी ! हीरालाल का मा बाप कोई नहीं है। लड़काई से हमारे यहां रहता है। इससे उस पर एक प्रकार का स्नेह है॥

ला। अच्छा हीरालाल के साथ तेरा व्याह हो तो तू सुखी हो या नहीं ?

सौ। कैसे कहैं ?

ला। आज कल बङ्गालियों में विधवा व्याह की तो धूम मची है, इसी समय तेरा बाप हीरालाल के साथ व्याह दे तो अच्छा हो॥

सौन्दर्य उस बात में कान न देकर अपने अङ्गों को मलने लगी लावण्य बोली, " बोलती क्यों नहीं ? "

सौन्दर्य बोली, " उठो उठो अधिक क्षण जल में नहीं रहना बीमार होगी॥

लावण्य ने देखा सौन्दर्य की आंखों में जल भर आया। लावण्य ने उस बात को रहने दिया। दोन धीरे धीरे

जल से निकलीं । समय बसन्त काल, दक्षिण ओर से मलयानिल मृदुमन्द बह रहा था । एक बेर अति जोर से वायु चला, सौन्दर्य का अङ्ग थहरा उठा ! उस जनहीन स्थान में दोनों असंकचित्त होकर अङ्ग पोंछने लगीं, मृदु पवन उन सुकोमल अङ्गों में सुख से क्रीड़ा करने लगा । उस समय संध्या काल, सूर्य देव अस्त हुए । शशधर भी धीरे धीरे हंसते हंसते अपने रूप के उजियाले को प्रकाश करते हुए निकले ॥

पञ्चम स्तवक

सुखस्वप्न ।

सौन्दर्य और लावण्य गात्र मार्ज्जन करके वस्त्र बदल कर उसी कुसुमकानन में भ्रमण करने लगीं । देखने में उभय सुन्दरी और एकही अवस्था है । इस युगल रूप को देखने से दर्शक को यह सोचना पड़ता है कि किस को छोड़ किसको देखैं, सौन्दर्य का शरच्चन्द्र जोत्स्नामय रूप देखैं या लावण्य के निरुपम श्याम वर्ण की छटा को देखैं । नेत्र उभय के सुन्दर हैं । एक में दामिनी मेघ को छोड़ चन्द्रमा से मिली है, और एक में मनोरम नवघन में स्थिरा सौदामिनी है, सौन्दर्य ने पुष्प के अलंकार से लावण्य को सजाया । फूल के भूषण से लावण्य का रूप उज्वल हुआ

सौन्दर्य एक गुलाब तोड़कर लावण्य के हाथ देकर बोली; "सखी ! इसी फूल से अपने स्वामी का पांव पूजना ।"

लावण्य ने दांत से अधर को दाब सौन्दर्य को वही फूल फेंक कर मारा ॥

सौन्दर्य हंसकर बोली, "हमें क्यों मारती है।"

लावण्य बोली, "तू क्यों यह बोली।"

सौन्दर्य बोली, "हमने क्या अनुचित कहा है ?"

लावण्य लज्जित भावसे बोली, "क्या सभी पूजती हैं ?"

सौन्दर्य ने इस बात का उत्तर न देकर उस गुलाब को नख से छिन्न कर डाला ॥

ला। भला फूल को क्यों छिन्न करती है ?

सौ। फूल जल गया है ॥

ला। कैसे ?

सौ। हमारे अङ्ग के अग्नि से ॥

लावण्य ने देखा सौन्दर्य का हृदय फिर चञ्चल हुआ। तब उस ने इधर उधर की बात उठाकर उसको अन्यमनस्क करने की चेष्टा की। थोड़ी देर पीछे उसका हृदय स्थिर हुआ किन्तु वह बिषाद नहीं गया । लावण्य बोली, "चल घर चलें ?"

सौ । अभी ! —हम चांदनी रात को यहां बहुत देर तक रहते हैं, आज अभी न जाएंगे ॥

ला ! हम जांए ?

सौ०। क्यों ? क्या वह गैर हाजरी से क्रोध करेंगे।

लावण्य हंसते-२ बोली, "जिसका खाना होता है, उसको टी बात भी सहनी पड़ती है, मन भी रखना होता है" लावण्य धीरे धीरे वहां से चली गई। सौन्दर्य अकेली उद्यान में घूमने लगी, एक गुलाब वृक्ष के निकट खड़ी हुई। उसमें एक अति बड़ा गुलाब खिला हुआ था। सौन्दर्य उस फूलको वृक्ष से छिन्न करके सूंघने लगी। थोड़ी ही देर पीछे गुलाब को भूमि में फेंककर बोली, "फूल! तुझको लेकर क्या करेंगे ? अरे जिसके हाथ देकर सुख पावेंगे उसको तो दे न सकेंगे" थोड़ी देर चुप रह कर बोली, "हाय बिधाता! तेरा कैसा चरित्र है। बिधवा किया, किन्तु उसके साथही आकांक्षा को क्यों निवृत्त नहीं किया? जो यही जानता था निवृत्ति न करेंगे तो श्रुति दिया तो श्रवणशक्ति क्यों नहीं दिया। पिपासा है तो पानीय क्यों नहीं है! नहीं नहीं—बिधि! तुम्हारा कुछ दोष नहीं हमारे अदृष्ट का है। ओह!! प्यारे! क्यों तुम्हे चित्त इतना चाहता है? तुम्हे देख क्यों इतना सुखी होते हैं? सौन्दर्य थोड़ी देर कुछ निस्तब्ध भाव से चिन्ता करने लगी, आंखों से आंसू टपक पड़ा॥"

सौन्दर्य नेत्र पोंछकर बोली, "जगदीश्वर! हम बिधवा हैं; हमारे चित्त में ऐसी कुप्रवृत्ति क्यों हुई? इस आशा का सञ्चार कैसे हुआ? हे अनाथनाथ दीन बन्धु! बालिका के हृदय में यह असह्य दुःख क्यों दिया?"

(१६)

ऐसे समय वहां हीरालाल आया। हीरालाल सौन्दर्य के अति दूर नाते का ज्ञातिपुत्र था। हीरालाल के पिता माता के मृत्युके पीछे रामदास ने उसको अपने घर पुत्र के भांति प्रतिपालन किया था। जिस समय वह रामदास के घर आया था। उस समय उसकी अवस्था नौ बरस मात्र थी। हीरालाल सोलह बरस से रामदास के घर है, इस समय उस का यौबनकाल है। उसके देह का बर्ण उज्वल, श्याम, मध्याकृति है, नाक उन्नत, देह का गठन न मोटा न दुबला।

हीरालाल को देख सौन्दर्य लज्जित हुई। उसके पांव के पास जो गुलाब पड़ा था, हीरालाल उसको उठा-कर सौन्दर्य के हाथ देकर बोला,

"सौन्दर्य! गुलाब किस को देनेकी इच्छा होती है?"

सौन्दर्य सिर नीचा करके बोली, "न—हीं—हह।"

स्वरवन्द हुआ। हीरालाल सौन्दर्य का हाथ पकड कर बोला, "सौन्दर्य! कुछ बोलो"

सौन्दर्य रोने लगी, हीरालाल भी रोते स्वर से बोला; "सौन्दर्य हम सपना देखते हैं या प्रत्यक्ष?"

हीरालाल ने एक बार सौन्दर्य के मुख के ओर देखा नेत्र में जल भर आया। आंसुओं को छिपाने की चेष्टा किया आंसू नहीं थमा। सौन्दर्य का हाथ छोड़ कर वहां से चला गया। सौन्दर्य चित्रपुतली की भांति वहीं खड़ी रह गई।

षष्ठ स्तवक।

आशा का शेष।

सौन्दर्य थोड़ी देर वहां उदास बैठ पीछे धीरे धीरे घर आईं। घर आकर देखा कि लज्जावती नाना प्रकार के खाद्य द्रव्य बना रही है। लज्जावती बोली, "कहां गई थी ?"

सौ०। पोखरे के किनारे।

लज्जावती ने देखा सौन्दर्य की आंखें फूली और लाल हुई हैं, लज्जावती ने समझा यह रोई है। उसे अन्य मनस्क करने को बोली, "हमसे अकेले इतना काम नहीं होता एक बेर तू भी इधर आ।" सौन्दर्य माता के काम में साहाय्य देने लगी थोड़ी देर पीछे बोली, "मा! कौन आया है ? किस के लिये इतनी खाने की वस्तु बनती हैं ?

ल०। तेरे पिता के एक बन्धु इसी रास्ते कहीं जाते थे सो तेरे बाप से मिलने आये हैं।

सौन्दर्य बोली, "मा! यह कहां रहते हैं ?"

ल०। इनका घर कलकत्ता है, ये बड़े धनी हैं।

सौ०। हम देख आवें ?

ल०। जाओ

(१८)

सौन्दर्य पाकशाला त्याग कर चली। जिस घर में उसको पिता बैठते हैं। उसके उत्तर के ओर एक दरवाजा था। वह द्वार बन्द ही रहता है। सौन्दर्य उस दरवाजे के छिद्रों में से देखने लगी। आगन्तुक बाबू उसके पिता के दक्षिण ओर बैठे हैं, उनकी अवस्था चौतीस या पैंतीस होगी उनकी प्रकृति शांत अथच गम्भीर है। सिर का बाल अभी एक भी नहीं पका था। जिस समय वह दरवाजे के छिद्रों में से देखने लगी, उस समय आए हुए बाबू और उस के पिता यह बातें करते थे।

बा०। तुम्हारी कन्या बालविधवा हुई सुन कर बड़ा दुःख हुआ।

रा०। ईश्वर के कार्य में किसी का अधिकार नहीं।

बा०। किन्तु बन्धु! बङ्गालियों में प्रातःस्मरणीय विद्यासागर जी महाशयं ने जो विधवा व्याह की प्रथा चलाई है सो अति उत्तम कार्य किया है।

रा०। चले तब न?

बा०। चलाने से ही चलेगा।

रा०। अब तक तो नहीं चला।

बा०। क्यों नहीं? दो एक व्याह नित्य होता है। रामदास मृदु हंस कर बोला, "कहां?"

बा०। क्या तुम कुछ भी खबर नहीं रखते?

रा०। न रखते होंगे।

(१९)

बा० । भाई क्रोध मत करो, हमारे राय में तुम्हारी कन्या को व्याह देना उचित है।

रा० । ऐसा करें तो समाज से जाते रहें।

बा० । समाज क्या है ? जो पांच मिलकर करें वही समाज है, एक एक करके कितने करेंगे। फिर वही समाज होगा।

रा० । सो तो ठीक पर पहिले कौन करे ?

बा० । जिसको आवश्यक होगा वही करेगा। तुम्हारा आवश्यक है तुम करो।

रामदास मृदु हंस कर बोला, "हमें अवश्यक नहीं है।"

बा० । क्यों ?

रा० । ब्राह्मण की कन्या को ऐसी रुचि क्यों होगी ?

बा० । हां इतनी देर पीछे यही तै हुआ ? किन्तु भ्रूणहत्या क्यों होती है ?

रामदास हंसकर बोला, "हम लोगों के घर नहीं नीच जातियों में।"

बा० । ईश्वर न करें तुम्हारे यहां ऐसा हो; किन्तु भाई तुम विद्वान बुद्धिमान होकर ऐसी बात कहते हो। सो भाई तुम जानो और,— उनकी बातों को रोक कर रामदास विरक्त होकर बोला, "इन बातों को भाड में डालिए चलिए आपको गांव दिखला लावें।"

बाबू ने एक दीर्घश्वास लेकर कहा, "चलिए" इधर

सौन्दर्यमयी ने भी उसी दरवाजे की आड़ से एक दीर्घ-श्वास लिया। नेत्र से आंसू गिरने लगा। घबड़ाकर आंसू पोंछ डाला, इसी समय उसके पीछे से किसी ने कहा, "सौन्दर्य सुना न?"

सौन्दर्य चौंकी और पीछे फिर कर देखा तो हीरालाल, हीरालाल कुछ नहीं बोला, सौन्दर्य के मुख के ओर एक विलापसूचक दृष्टि देखकर वहां से चला गया।

सप्तम स्तवक।

लावण्यमयी—और—हरिदास।

समय वसंत काल, दक्षिण ओर से मलयानिल प्रवाहित हो रहा है। रात्रि दस बजा होगा। आकाश निर्मल, पूर्णचन्द्र का विकाश ग्राम निस्तब्ध। ऐसे समय लावण्य अपने मकान की एक कक्षा में बैठी है। हरिदास भी पास बैठा है। हरिदास कालेज का फर्स्ट-आर्ट्स पढ़ता है।

हरिदास लावण्य को बहुत चाहता है। योग्य अवस्था है इससे उसको स्त्री का चित्त दर्शन करके भी दूर सहर

में रहना पड़ता है। आज तीन दिवस हुआ हरिदास स-सुरगृह आया है। लावण्य के आनन्द की सीमा नहीं है इस सुन्दर निशि में दम्पति कितने प्रकार की बात चीत कर रहे हैं॥

दक्षिण की खिड़की खुली है। जोत्स्ना रात्रि बसन्तकाल धीरे धीरे बसंत वायु चल रहा है। लावण्य ने हरिदास के गले को अपने दो बांह से वेढ़ लिया। हरिदास ने हंसकर लावण्य के सुकुमार अधरों से अपना अधर मिलाकर एक चुम्बन लिया। लावण्य अपनी आंख बन्द करके सोचने लगी, इस चुम्बन से जी तो नहीं भरता। चित्त चाहता है एक एक चुम्मा बरसों लेते रहैं। हरिदास ने पूछा, "प्यारी! आज तुम्हारी सखी नहीं आई?" लावण्य के हृदय में सौन्दर्य की अपूर्व छवि उदित हुई। चित्त में ईश्वर से कहने लगी, "हे भगवान्! देखना दासी को इस सुख से वंचित न करना।" धीरे धीरे अपने सुख के साथ सौन्दर्य के दुःख की बातें उस के हृदय में उठने लगीं। उसके नेत्र से आंसू टपक पड़ा।

ह०। तुम रोती हो?

ला०। हां।

ह०। क्यों?

ला०। सखी की बातें याद पड़ीं और चित्त कैसा घबड़ा उठा है क्या कहैं। सखी जिस समय अपने दुःख की बातें कहती है उस समय हमको बड़ा दुःख होता

है। उस दिन सखी के मकान पर कोई कलकत्ते के रहनेवाले आए थे, वह सखी के बाप से बिधवा ब्याह के मत से सखी का ब्याह करना कहते थे, इस पर सखी के पिता उनपर अति क्रोधित हुए थे। आहा! सखी के पिता हीरालाल के साथ सखी को ब्याह देते तो सखी बड़ी सुखी होती; भला वह क्यों देंगे उन पर तो बीतती नहीं। अच्छा हम पूछती हैं, पुरुष इतने स्वार्थी क्यों होते हैं? पुरुष स्त्री का मरना कौन कहे, जीते ही कितना ब्याह करते हैं, इस में दोष नहीं है?

हरिदास हंसकर बोला, "किन्तु हम स्वार्थी नहीं हैं, पहिले से कह देते हैं हम मर जांय तो तुम ब्याह जरूर करना॥"

ला। हाथ जोड़ते हैं, ऐसी बात-मुख से मत निकालो हमे दुःख होता है॥

हरिदास खुशी से "दुःख होता है?" कहकर लावण्य के मुख को चूम कर बोला, "लावण्य! बिधवा ब्याह क्या अच्छी बात है?"

ला। सम्पूर्ण —बिशेषत: सखी के भांति बिधवाओं का ब्याह होना उचित है।

ह। ईश्वर क्या ऐसा दिन करेगा कि भारत में बिधवा ब्याह चलेगा? अभी बिलम्ब है॥

"हा! ईश्वर! हमारी सखी को तुमने बड़ा दुःख दिया" कह कर लावण्य ने एक दीर्घ श्वास लिया ॥

हरिदास भी निस्तब्ध भाव से कुछ सोचने लगा। इस निस्तब्ध रजनी में ये दोनों सौन्दर्य के लिये रजनी की निस्तब्धता भङ्ग कर रहे थे, वह भी निस्तब्ध हुए। घोर निस्तब्धता ने पृथ्वी को ग्रास किया ॥

अष्टम स्तवक

अचला का प्राण।

हम लोगों की चिरदुःखिनी सौन्दर्यमयी, दिन दिन हीरालाल को चाहने लगी। पहले पिता माता का भय लोकलज्जा इत्यादि मन में बहुत कुछ उदय होता था, अब उसका भी मंद भाव हुआ। हीरालाल की चाह उसके जीवन की एक मात्र उद्देश्य थी। वही चिन्ता, वही ज्ञान, वही ध्यान, वही कल्पना, सौन्दर्य ने मन मन में हीरालाल को प्राण सौंपा किन्तु आत्मसमर्पण नहीं किया। क्यों नहीं किया? कारण अभी तक उसको मानसिक तेज था, दर्प था, आत्म पर क्षमता विस्तार का उपाय था ॥

सन्ध्याकाल—सौन्दर्य पहिले के अभ्यास से आज भी

उस सरोवर के तीर पर उपस्थित हुई। एक बेर चतुर्दिक देखकर लताहृत पूर्ण स्थान पर बैठकर अपने वस्त्रांचल से एक कविता की हस्तलिपि निकाल कर पढने लगी ॥

आजु षष्ठि श्री पञ्चमी, काम जन्म दिन बाम ।
भयो वसन्त आरम्भ अब, सब उछाह को धाम ॥ १ ॥

ऋतु बदली विकसित कुसुम, आयो निकट बसंत।
सीत भीत सों जग छुट्यो, भो हिमंत को अन्त ॥१॥
बौरे जित तित आम लखि, बौरे प्रेमी लोग ।
मधुरित मधुकर मधु रव, नास्यो जग को सोग॥३॥
ऐसे दिन में हमहु निज, हृदय बगीचा बीच ।
जो बेली रोपन करी, अश्रु नीर सों सींच ॥ ४ ॥
तासु मञ्जरी जुगल कर, लै सप्रेम उपहार ।
करत समर्पण तुहि पिये, कीजो अङ्गीकार ॥ ५ ॥
काह करौं कैसी करौं, यतन बतावहु मोहि ।
लागि निशु दिन लाड़ली ! दृग भर देखहु तोहि ॥
प्यारी तेरे मिलन को, जिय अति ही अकुलाय ।
फस्यो लोक के जाल में, मिलो न कोउ विधजाय ॥
नैना चाहत दरस को, बचन सुनन को कान ।
मिलवे को हियरो तपे, प्यारी चतुर सुजान ॥

सौन्दर्य को यह कवितामय कागज हीरालाल की टेबुल पर मिला था। सौन्दर्य पढ़कर चित्त में बोली, " हीरा प्राण ! मेरा प्यारा ! अरे क्या करें और क्या कहैं ?

(२५)

जो बिधाता के बिड़म्बना से आपही चिरदुःखिनी है. वह दूसरे को क्या सुख देगी। जिसको बिपच्छ समाज,—अपने लोग,---ज्यादे क्या ईश्वर भी बिमुख हैं, वह दूसरे को कहां से सुख देगी, हम सोचते थे कि पिता बिधवा मत से हमको ब्याह देंगे, हम जिसको चाहते हैं उसको पावेंगे, किन्तु आशा बिफल हुई। हा भगवन्! हा करुणामय! तुम दयामय होकर भी अपनी असंख्य कन्यायों की यह दुर्दशा देखते हो। नाथ! एक बेर भारत के ओर दृष्टि करके देखो। हमारे भांति कितनी पतिहीना युवती रोते रोते कन्धकण्ठा हो रही हैं, कितनी आत्महत्या करती हैं, कितनी दूसरे उपाय से रहित होकर कलङ्क की डाली सिरपर लेती हैं, असंख्य भ्रूणहत्या नित्य होती हैं। हे दयामय! तुम्हारी दुहितायों का आंसू तुम न पोंछोगे तो कौन पोंछेगा? हीरा! हम क्यों तुम्हें चाहे? हम हृदय मणिमन्दिर में तुम्हारी प्रतिष्ठा क्यों की? नित्य आराध्य देवता के भांति तुम्हारी पूजा क्यों करते हैं? अदृष्ट के दोष से हम तो जलते ही हैं, तुम को क्यों जलाते हैं? हम तुमको हृदय से प्राण से चाहते हैं किन्तु इसमें हमारी आकांक्षा निवृत्त नहीं होती, जीवन रहते तो तुमको हृदय से न लगा सकेंगे. पिता माता के आज्ञा बिना हम तुमको ब्याह नहीं कर सकते। उन लोगों के सरल हृदय में दुःख देकर तुम्हारी किसी भांति नहीं हो सकती"। सौन्दर्य निस्तब्ध होकर कुछ देर सोचने लगी, फिर बोली.

"हीरा ! मेरा हीरा ! जो इतना ही ज्ञान है, जानते हैं, हृदय में ऐसी दृढ़ प्रतिज्ञा है, तब तुमको चाहते क्यों हैं ? तुम्हे बिना देखे रहा क्यों नहीं जाता ? हा ईश्वर उह !! इस अबला को अब कितना दुःख दोगे ! हे दयामय ! करुणासिन्धु ! तुम्हारी बासना तुमहीं जानो" सौन्दर्य के वह सुन्दर लाल लाल गोल.गोल कपोल पर बह कर अश्रु धारा गिरने लगी ॥

कुछ समय पीछे पदध्वनि सौन्दर्य के कान में पड़ी उसने चौंककर पीछे फिर कर देखा हीरा लाल !

नवम स्तवक ।

शपथ ।

हीरालाल एकटक् सौन्दर्य के मुख को देखने लगा, सौन्दर्य भी एक बेर हीरालाल के मुख के ओर दृष्टि लेजाकर फिर भूमि को देखने लगी । उसी समय प्रवल वेग से अश्रु धारा गाल पर से बहकर भूमि को चूमनेलगी। सौन्दर्य ने छिपाने की चेष्टा किया, किन्तु नहीं छिपा, कुछ देर उभय निस्तब्ध रहकर हीरालाल बोला ॥

"सौन्दर्य काहे रोती है ?"

सौंदर्य कुछ उत्तर न देकर चुपचाप और भी रोने लगी।
हीरालाल बोला, " बोलो सौंदर्य ? "

सौ। हमारे रोने का कारण सुनकर क्या तुम सुखी होगे ?

ही। सुखी न हों किन्तु उसके प्रतिकार की चेष्टा सोचेंगे ।

सौ। नहीं नहीं तुम सुनकर क्या करोगे ? तुम इसका प्रतिकार नहीं कर सकते ॥

ही। नहीं कर सकते ?

सौंदर्य चुप हो रही हीरालाल बोला,

" सौंदर्य ! बोलो आंख में आंसू क्यों हैं ? "

सौंदर्य चुप रही,

ही। सौंदर्य ! न बोलोगी ? अच्छा यह तो बताओ किसकी बनाई कविता पढ़ती थी ?

सौ। तुम्हारी।

ही। इस में ऐसी कौनसी बात है कि जिसमें तुम्हारी आंखों से आंसू आवे ?

सौ। इस में जो है, सो इस जगत में कहीं भी नहीं है० हमारे ज्ञान में भी नहीं है।

हीं। सौंदर्य ! तब तुमने क्यों कहा कि हम प्रतिकार नहीं कर सकते ?—सौंदर्य देखो, हमारे हृदय के प्रतिस्थान देखो, रत्ती २ खोज कर देखो वहां तुम्हारी छबि के बिना दूसरा कुछ नहीं है। रात दिन तुम्हारे कारण जो दुःख सह रहे हैं, सो अन्तर्यामी भगवान जानते हैं, केवल तुम्हारी आशा से अभी तक जीवित हैं।

सौ। तुम भ्रम में पड़े हो।

ही। क्यों ?

सौ। हम कैसे तुम्हारी होवें ?

ही। हम भगवान को साक्षी करके तुम से व्याह करेंगे। समाज की भ्रुकुटी चरण से दलित करके तुमको हृदय में रखकर हृदय शीतल करेंगे। हम जितनी बिद्या सीखे हैं इस्से एक प्रकार सुख स्वच्छंद से दिन काटेंगे।

सौ। हीरा, इन बातों में हमें सुख न मिला। मैं सुख स्वच्छंद की उत्सुक नहीं हूं। मै तुम्हारी उत्सुक, तुम्हारे चाह की शावती हूं। किन्तु मैंने अन्याय किया है कि अमृत के बदले हृदय में गरल धारण किया।

ही। गरल कैसा ?

सौ। आशा की निष्फलता।

ही। अभी!—अभी आशा निष्फल हुई ?

सौ। अभी नहीं कई एक दिनों से।

ही। क्यों ?

सौ। पिता ब्याह न करेंगे।

हीरालाल ने दीर्घ स्वास लिया। सौंदर्य फिर बोली "देखो हीरा, हम पिता की आज्ञाबिना ब्याह नहीं कर सकते। इस्से हम लोगों की मन की इच्छा मनमें ही रह गई॰ खैर हम तुम से बिनय करते हैं, तुम हमारी आशा में अपने सुख को मत त्याग करो। तुम ब्याह करके सुखी हो, तुम्हारे सुख से हम भी सुखी होंगी। ईश्वर करेगा

ुम्हारे सन्तानादि होगा, तो हम उन लोगों को लेकर
ाब दुःख भूल जायगी। दूसरा हमारा कोई उपाय नहीं
ै। हीरा प्राण! हमको चमा करो, हमारे अपराधों को
चमा करो।"

हीरालाल रोने लगा। उसकी आंखों के आगे पृथिवी
ुमने लगी। हृदय में भयानक भाव उठने लगे। हीरा-
ाल बहुत कष्ट से कुछ स्थिर हो कर बोला, "सौंदर्य!
ाणाधिके सौंदर्य! तुम्हारी आशा त्याग करें? जीवन रह-
? हाय! ऐसा तो कभी नहीं हो सकता। प्यारी सौंदर्य!
ाब तुम हमको ब्याह न करके ही सुख से रहोगी तो
ाम भी रह सकेंगे।

ो। हीरा, अस्थिर मत हो। विचार कर देखो कि संसार
में हमसे रूप गुण में शत गुण श्रेष्ठा रमणी हैं। तुम
उसी भांति की एक स्त्री से ब्याह करो। उससे कुछ
दिनों में तुम हमको सम्पूर्ण भूल जाओगे, और तुम्हारे
सुख से मैं भी सुखी होऊंगी।

हीरालाल अपने दोनों हाथों से सौंदर्य के दोनों हाथ
कड़ कर अस्तगामी सूर्य देव को साची करके बोला, "सौं-
र्य! हम सूर्य देव के सन्मुख शपथ करते हैं यद्यपि कभी
ाह करें तो तुम से, नहीं दूसरी स्त्री के साथ ब्याह कभी
करेंगे।"

लावण्य ठीक इसी समय वहां आ पहुंची। वह एक सु-
ार माला रच करके सौन्दर्य को दिखलाने आई थी,

किन्तु यहां सौन्दर्य और हीरालाल की यह अवस्था दे
कर और हीरालाल की शपथ सुनकर, वही माला उन दो
नों के हाथों पर बांधकर हंसते २ बोली, " हम भी ए
साक्षी हैं। " हीरालाल कुछ सरमाकर वहां से चला गया
लावण्यमयी कुछ न कहकर सौन्दर्यमयी के मुख को देखने
लगी। वह सरोज तुल्य आंखें लाल हुई हैं मुख सूख गया
है। उसकी यह अवस्था देखकर लावण्य दुखी हुई।

———***———

दशम स्तवक।

———***———

दुःख।

रात दिन एक स्थान के रहने से स्नेह दिन दिन बढ़ता
ही जाता है। वही अवस्था सौन्दर्य और हीरालाल की थी
उन लोगों का स्नेह दिन दिन बढ़ने लगा। यद्यपि सौन्दर्य
अपना सतीत्व निधि हीरालाल को न देगी, यह स्थिर
प्रतिज्ञा थी, तथापि चाह का एक स्वतन्त्र स्वभाव ही होता
है एक एक को बिना देखे नहीं रह सकते। सौन्दर्य कित
छल कौशल से दिन में दो एकबार हीरालाल को देखी

लगी। हीरालाल भी देखता था। इसी भांति साहस बढ़ने लगा, पहिले सौन्दर्य दिन में दो तीन बार हीरालाल को देखने से लज्जा बोध करती थी, किन्तु अब उसके निकट ही रहने लगी। मनुष्य की रीति नीति देखकर ही उसके प्रकृति को मनुष्य ठीक करते हैं। सौन्दर्य अच्छी भांति जानती थी कि हम सती हैं हमारे शरीर को रत्ती भर भी कलङ्क स्पर्श नहीं हुआ। किन्तु लोगोंने यह विश्वास नहीं किया, उसके चरित्र पर सन्देह करने लगे० बिना मेघ बज्राघात आरम्भ हुआ० एक दिवस सौन्दर्य की माता उसको बोली, "बेटा! अब तू छोटी नहीं है, और हीरालाल भी बालक नहीं है, इस समय दिन रात एक स्थान रहने से या घूमने से लोग निन्दा करेंगे।" सौन्दर्य ने समझा, दो चार दिन साथ का रहना बन्द कर दिया; किन्तु सामान्य स्रोत रुक सकता है, प्रवाह वेग नहीं रुकता? फिर वही पूर्व के भांति सौन्दर्य हीरालाल के निकट ही रहने लगी॥

सौन्दर्य की माता ने समझा, लक्षण बुरा है किन्तु क्या करे चुप रही। लज्जावती छिपा सकती है, लावण्यमयी छिपा सकती है, किन्तु ग्राम की भवानी लोग क्यों छिपावेंगी? वह सब मार्ग, घाट, कूवां पर कमिटी करने लगीं किन्तु जब सब बातों का अन्त होता तो सब यही कहती, "अजी दूसरे की बात में हमको क्या?" इसी भांति दिन दिन बात फैलने लगी। सौन्दर्य के पिता के

कान में भनक गई। उसने हीरालाल को दूसरी बात पर उस बात का आभास देकर अन्योक्ति से समझाया, किन्तु प्रणयअग्नि सहज से नहीं बुझती, प्रणयी और पागल एक हैं, हीरालाल को वह बात दो एक दिन स्मरण रहीं प्रणय के प्रबल तेज से फिर भूल गया। मानसिक उत्तेजना से विद्या, ज्ञान, धर्म्म, उपकार, तिरस्कार सब हार मानता है॥

इसी भांति रामदास ने सौन्दर्य को भी समझाया, तिरस्कार करना आरम्भ किया। भय भी दिखलाने लगा। सौन्दर्य का अश्रुस्रोत और भी प्रबल हुआ॰ उसने हीरालाल के निकट रहना कम कर दिया; किन्तु मन नहीं माना। हृदय का पूर्व दुःख दिन दिन और भी बढ़ने लगा। हमलोगों की प्यारी सौन्दर्य का सौन्दर्य दिन २ क्षीण होने लगा॥

मनुष्य के समस्त व्याधि से मानसिक व्याधि प्रबल और कठिन है॰ आज सौन्दर्य को उस मानसिक व्याधि ने ग्रास किया। सौन्दर्य दिन २ क्षीर्ण विवर्ण और विषण्ण होने लगी, आहार निद्रा सब छुट गया॰ एक मात्र काम दिन रात रोना रहा॥

एकादश स्तवक

दुःख-पर-दुःख-बिदा।

दुर्भाग्य कभी अकेला नहीं आता। इस्से सौन्दर्य को इतने ही दुःख से निवृत्ति नहीं हुई। चिंता करते २ इसको एक प्रकार की उत्कट व्याधि उपस्थित हुई। दिन दिन उस का पेट बढ़ने लगा। गर्भ का बहुत सा लक्षण दिखाई पड़ा, लज्जावती का मुख सूखने लगा। रामदास का सिर नीचा हुआ, रामदास ने हीरालाल को बहुत सा तिरस्कार करके घर से निकाल दिया। ग्राम के भी सब उसका तिरस्कार करने में चूके नहीं, हीरालाल किसी बात का उत्तर न देकर रोते रोते घर से निकल गया। बिदा काल में सौन्दर्य का मुख नहीं देखने पाया उसको यही दुःख अधिक था।

सौन्दर्यके दुःखका शेष न रहा। एकतो प्राणाधिक हीरालाल का अदर्श दुःख, तिसपर हृदय बिदारक लोकापवाद, कहां आसक्ति, कहां मिलना, इसका तो ठिकाना ही नहीं; किन्तु लोग कहते हैं सौन्दर्य का गर्भ हुआ है। वह व्याधिग्रस्त है यह कोई विश्वास नहीं करता। अधिक क्या

लज्जावती भी बिश्वास नहीं करती। एक दिन लज्जावती और सौन्दर्य एक स्थान में बैठी हैं।

लज्जावती कुछ देर स्थिर नयन से सौन्दर्य को देख कर बोली, "बेटा! यह तुमने क्या किया?"

सौन्दर्य घबड़ा कर बोली, "मा! हमने क्या किया है?"

ला०। सौन्दर्य! अब हम से क्यों छिपाती है?

तब वह लज्जावती का चरण छूकर बोली, "मा! आपका चरण छूकर कहतीहूं मैंने कोई दुष्कर्म्म नहीं किया। हम गर्भवती नहीं हैं। यह कोई व्याधि है। मा। दोचार महीना पीछे लोग बिश्वास करेंगे। इस समय आप बिश्वास कीजिए, मा! आप न बिश्वास करेंगी तो फिर कौन करेगा? यह लोकापवाद! कैसे ढकेगा? हमारा जन्म क्यों हुआ था? सुख क्या वस्तु है, स्वप्न में भी नहीं जानते, किन्तु मा! इस हताभागिनी की कितनी दुर्दशा हो रही है सो देखिए।"

लज्जावती उसके बात का कोई उत्तर न देकर रोती हुई वहां से चली गई। सौन्दर्य भी वहां बैठ कर रोने लगी। थोड़ी देर पीछे वहां ढुन मुन धाई आई। सौन्दर्य उसको दादी कहती थी, वह आकर बोली।

"काहो नातिन का सुनत हई?"

सौ। जो सुनती हो सो ठीक।

ढु। डरत काहऊ? केहू न जानी।

सौ। का न जानी ?

दु। जो भयल हौ।

सौन्दर्य को बड़ा दुःख हुआ, उस बात का उत्तर न देकर रोने लगी।

दु०। भला रोवत का हऊ ? हमके कौन लाज ? केकरे घरे ई नाहीं होत ? हमरे आछत भला ई खुल सकल ? तू तो हऊ पागल ! हम के अ,यां काहे नाहीं कहलू कल सांझ के आइब, सब ठीक हो जाई रो मत् चुप कर:—

सौन्दर्य रोते रोते बोली, " दादी मेरे कटे घाव पर नमक् मत छिड़क्। एक तो बिधाता के कोप से बाल विधवा हूं सो तू लोग अपनी होकर दुःख करेगी न और भी हंसी करती है, दादी ! हाथ जोड़ती कहूं ? ऐसी बात न बोल, भगवान् न करे हमारा गर्भ हो। और गर्भ ही होगा तो तुझ को क्यों बुलावेंगे ? तेरा सहाय क्यों लेंगे ? भ्रूणहत्या ? गोविन्द ! गोविन्द ! गोबिन्द ! प्राण चौंक उठता है० पहिले तुझको भली जानते थे० किन्तु तू घोर नारी रूपिणी राक्षसी है। छि ! छि ! भला धाई दादी ! यह जो सामान्य अर्थलोभ से लाखों भ्रूणहत्या करती है, एक दिवस मरना होगा, क्या यह एक दिन भी नहीं चिन्ता करती ? अरे वह सर्वान्तर्यामी सर्वव्यापि परमेस्वर को क्या उत्तर देगी ? हाय ! हाय ! हाय ! तैं अभी मेरे आंखों के साम्हने से चली जा। तेरा मुख देखने से हमको

क्रोध चढ़ता है । तेरा मुख देखने से प्रायश्चित्त करना उचित है।"

धाई क्रोधाग्नि से जलकर बोली, " जो तोहरे मुंह से निकलल सो सो कहलू। लिख पढ़ के का सेर भइल हऊ ? ई बेरा लिखब पढ़ब न काम आई; एहो ढुन मुन के गोड़े गिरले काम चली। हम केकर का बिगड़ ले हई ? सब कर भले कइले होब॰ तोहार मतारी कहले रहलीं, तब हम मन में सोचली, चल एक घर बिगड़त हौ सो भला कय देई, ल हम जात हई॥"

सौन्दर्य उदास होकर बोली, " माने कहा है ? "

धाई सौन्दर्य के मुख के पास हाथ हिलाकर बोली, " केहू नाहीं कहलेस् तो का हम अपनें आईल हई ? देखी ला कय दिन ढांक लू ढांक: "

यह कह कर धाई वहां से चली गई। और कहना बाहुल्य है कि मार्ग में उसे जिसे भेंट हुई, उसी से सौन्दर्य की नाना प्रकार की निन्दा और गर्भ का सत्य प्रमाण देने लगी। " जहां चोर का भय, वहां हीं रात " 'जो चाहते वही पाते' जो भवानी लोगों ने सुना मुस्किराय कर सौन्दर्य की निन्दा और घृणा करने लगीं॥

द्वादश स्तवक ॥

अनुशोचना ॥

अब सौन्दर्य का दिन नहीं बीतता। सौन्दर्य के कारण लज्जावती किसी को मुख नहीं दिखलाती । राम दास का सिरनीचा हुआ। ग्राम के लोग परामर्श करते हैं : रामदास जो सौन्दर्य को घर रक्खेंगे तो जात से निकाले जाएंगे। आज—रामदास बड़े घबड़ाये हैं घर के एक कोने में बैठकर चिन्ता करते हैं ॥

"हाय ! तब बन्धु के बात से हमने सौन्दर्य को व्याह क्यों नहीं दिया ? पिता के उपयुक्त कार्य भी होता, और इस अपवाद से भी बचते। व्याह न देकर भी समाज से निकाले जाते हैं, इस्से सौन्दर्य को व्याहकर उसके आंसुओं को पोंछकर समाज त्याग करते । समाज ही क्यों त्यागते ? हम व्याह देते तो और २ भी देते इसी भांति कुछ दिनों में नूतन समाज बनता। हम उस नूतन समाज को लेकर फिर सुखी होते, किन्तु हम घोर मूर्ख, घोर नारकी, घोर स्वार्थी हैं, जगदीश्वर उसका दण्ड हमको दे रहे

हैं। हमारी प्यारी बेटी सौन्दर्य की इच्छा रहते भी हम ब्याह न कर उसके हृदय में जैसी चोट दी है, उसको दिनरात रुलाया है, वह सर्वशक्तिमान परदुःखकातर भगवान् यह क्यों सहेगा ? आज वह उसके बदले ह को दण्ड देरहा है। अब कौन उपाय करें ? समाज त्याग करें ? या प्यारी बेटी को त्याग करें ? क्या करें ? हाय कुछ अकिल नहीं काम करती। नीच जाति भी अपनी सन्तान को यत्न से पालते हैं। हाय ! हम मनुष्य होकर पशुओं से भी हीन कार्य करेंगे ? सौन्दर्य से ही त हमार संसार बसा है। तब उसको क्यों त्याग करें ? "हा प्यार बेटी ! हम कैसे तुझको त्याग करेंगे ? तुझे बिना देखे एक दण्ड भी हमारा जीव नहीं रहेगा। समाज त्याग करें पर तुझे नहीं ?" वृद्ध की आंखों से आंसू गिरने लगा रामदास आंखें पोंछकर कुछ देर चिन्ता करके बोले यद्यपि कन्या के कारण समाज त्याग करें तो लोग मेरे निन्दा करेंगे; घृणा करेंगे और हसेंगे। "सौन्दर्य ! तू ह मारी बेटी होकर हमारे इस दुःख को नहीं समझती ? ह पिताको क्या इतना दुःखदेना होताहै ? निर्दयी ! हमतो तु झको अपने प्राणसे भी अधिक चाहते थे यही क्या उस चा ह का बदला तैंने लिया ? हा !! हमने अपने बन्धु को सेख से कहा था, सौन्दर्य ब्राह्मणकन्या है, वह विधवा ब्याह में प्रवृत्त क्यों होगी, सौन्दर्य ! उस बात का क्या अर्ह

बदला है ? हम अब कैसे उसको मुख दिखावेंगे ?" जगदीश्वर दयामय ! हमारे पर कृपा करो । देव हमको मृत्यु दो इस यन्त्रणा से छुट्टी पावें ऐसे समय वहां लज्जावती आई ॥

त्रयोदश स्तवक

रामदास और लज्जावती ॥

लज्जावती रामदास के निकट खड़ी हुई, किन्तु रामदास दुःख में ऐसा व्याकुल था कि लज्जावती का आना उसको मालुम न हुआ । कुछ देर पीछे लज्जावती बोली, "अब रोने से क्या होगा ?"

रामदास चौंक उठा । बोला, "कहां ? हम तो नहीं रोते ।"

ल। रो या न रो अब उपाय तो नहीं है । आपको सो बेर कहा था उसको व्याह दो पर आपने नहीं व्याहा, उसका क्या दोष है ? स्वामी क्या वस्तु है, आज तक नहीं जानती, इस समय उसकी यौवन अवस्था है

क्या करें ? इस अवस्था में कौन अच्छा रहता है ? आप से कई बार न हमने कहा कि हीरालाल के साथ ब्यांह कर दें, तब तो कहते थे, " लोग निन्दा करेंगे " अब क्या करते हैं ? निन्दा नहीं करते ? जाइए लोगों का मुख बन्द कराइए। अपना होता तो जानते। वह लज्जा से कुछ नहीं कहती इसे उसका दोष है। खूब किया। अच्छा किया उसने हीरालाल को चाहा इससे क्या बेटी छोड़ दें॥

रा। अब क्या करें ?

ल। क्या कीजिएगा आप ही जानिए। तब हमारी बात सुनते तो आज हम बताते क्या कीजिएगा ? पांच नहीं, सात नहीं, एक बेटी बाप होकर उसको इतना दुःख दिया ? धिक् है आपके जीवन को॥

रा। अब क्या होगा ?

ल। समाज छोड़ दीजिए॥

रा। ऐसा तो नहीं हो सकता॥

ल। वाह ! कैसे न होगा ? समझेंगे न॥

रा। गर्भ की बात क्या सत्य है ?

ल। आग लगे गर्भ में, गर्भ नहीं है॥

रा। तब किसका भय ?

ल। गर्भ झूठ है, कौन बिश्वास करेगा ?

रा। लोगों को कहेंगे, तुम लोग और एकाध महीना

देखो जो सत्य गर्भ होगा तो सौन्दर्य की त्याग करेंगे ॥

ल। कोई न मानेगा ॥

रा। क्यों ? यह बिपद उन लोगों पर होती तो क्या हम नहीं मानते ?

ल। जो जिस समय विपद में पड़ता है इसी भांति कहता है, तब कि मोहिनी के विषय में आप जैसे हैं, सब जानते हैं ॥

रामदास इस बात का कुछ उत्तर न देकर चुप बैठे रहे। लज्जावती क्रोध से चली गई ॥

चतुर्दश स्तवक

सिद्धान्त ।

सुदिन या दुर्दिन किसी का एक भांति नहीं जाता। इस्से सौन्दर्य का भी वह भयानक दिन,—एक दिन—दो-दिन इसी भांति बीतने लगा। किन्तु ग्राम के सब लोग बिगड़े हैं। रामदास का दिन रात तिरस्कार करते हैं, गाली देते हैं, रामदास औ लज्जावती ने समझा कि सौन्दर्य का गर्भ नहीं है, किन्तु ग्राम के व्यक्तियों ने विश्वास नहीं किया।

ईश्वर की कृपा से सौन्दर्य की व्याधि घटने लगी। गर्भ का लक्षण जो २ था जाता रहा। रामदास सब को बोला,

"देखो सौन्दर्य की व्याधि अच्छी हुई न? तुमलोग वृथा की बातें उठाते थे" लोग उपहास करके बोले,

"हां जी—ढुनमुन बैद्य रहते रोग क्यों न अच्छा हो" रामदास का सिर नीचा हुआ, सब चिल्लाकर हंसने लगे, बोली बोलने लगे, कोई बोला, "इसी समय पुलिस में खबर भेजो" इत्यादि २

रामदास को कोई निमन्त्रण नहीं करता! रामदास प्रतिवत्सर कालीजी की पूजा करता था। इस बरस भी पूजा का सब बन्दोबस्त ठीक हुआ, किन्तु पुरोहित ने पूजा नहीं किया। धीरे धीरे धोबी, नाऊ सब बन्द हुए रामदास ने सब उपाय से रहित होकर कन्या को त्याग करना ही स्थिर किया। लज्जावती को अपने मन की बात बोला, लज्जावती कन्या के कारण चिल्लाकर रोने लगी। पीछे रामदास रोते रोते सौन्दर्य को बोला, "सौन्दर्य! तुम्हारे कारण हम किसी को मुख नहीं दिखा सकते, समाज हमको छोड़ रहा है। अब नहीं सहा जाता, हमारा बड़ा अपमान हुआ। बेटा! तुम यहां से जाओ दूसरे किसी स्थान रहो, हम महीने २ तुम्हारे भरण पोषण का खर्च देंगे"

सौन्दर्य का सौन्दर्यमय मुख सूख गया। सौन्दर्य रामदास के चरण पर गिर कर बोली, "पिता! हमको मत छोड़िये इस संसारमें हमारा कहीं खड़े होने का भी स्थान

नहीं है। इस निरपराधी को घोरतर भयानक दण्ड मत दीजिए कोई विपद होने से आप के चरण का आश्रय पावेंगे, सो न होकर आपही पिता निरपराधी कन्या को त्यागते हैं ? पिता ! हम से कौन सा अपराध हुआ है कि आप हमको निर्वासन की आज्ञा दे रहे हैं ?

सौन्दर्य रोने लगी।

रा। बेटा ! हम क्या करें ? लोगों की हंसी अब नहीं सही जाती।

सौ। पिता ! आप का यही विचार है तो आप कहिए हम कहां जांए ? हमको तो इस संसार में कहीं भी स्थान नहीं है। क्या आप नहीं जानते ?

रा। तुम चिन्ता मत करो हम उपाय कर देंगे।

सौ। पिता ! आप लोगों को बिना देखे कैसे रहेंगी ?

रा। बेटा ! थोड़े दिन का कष्ट है।

अनाथा सौन्दर्य चित्त में बोली, " हे अनाथनाथ ! जगदीश्वर ! तुम तो दयामय न हो ? एक अबला असहाया बालिका पर इतना अत्याचार कर रहे हो, हीरालाल को मन में पवित्र रूप से चाहती थे उसी का क्या यह दण्ड है ?" सौन्दर्य को कण्ठावरोध हुआ। सब शरीर कांपने लगा। अज्ञान हो गिर पड़ी ! लज्जावती अति चिल्लाकर रोने लगी। उसका चीत्कार सुन कर ग्राम की दो चार स्त्री और लावण्यमयी आईं। लावण्यमयी सौन्दर्य की अवस्था देख रोने लगी। और उस के सेवा में नियुक्ता हुई।

(५५)

पंचदश स्तवक

अबला जीवन ।

बहुत सेवा के पीछे सौन्दर्य को ज्ञान हुआ । उसने आंख खोल कर देखा लावण्य के जंघे पर उस का सिर था। एकटक् लावण्य के मुख को देखने लगी । लावण्य की आंख से आंसू गिरने लगा । सौन्दर्य भी रोई । लावण्य सौन्दर्य का आंसू पोंछकर बोली, "प्यारी ! क्यों रोती है ?" सौन्दर्य उत्तर न देकर रोने लगी । लावण्य बोली, "सखी क्यों रोती है ? चल तू हमारे घर चल रह ।" सौन्दर्य एक दृष्टि से लावण्य के मुख को देखने लगी । लावण्य के इस बात पर रामदास और लज्जावती सम्मत हुए । वह लोग यह समझे कि अभी सौन्दर्य लावण्य के घर रहे, सब गोल माल थमने पीछे उसको घर ले आवेंगे । यही परामर्श ठीक हुआ । सौन्दर्य लावण्य के घर रहने लगी । किन्तु इतने पर भी दुष्ट समाज ने नहीं माना सौन्दर्य का इतना सुख भी उन लोगों से नहीं सहा गया । लावण्य की माता से बोले "सौन्दर्य को घर से निकाल दो, नहीं तो तुम लोग भी जा

त से निकाले जाओगे" लावण्य की माता विपद में पड़ी उसने मन में सोचा, "जिसको पिता माता ने घर से निःकाल दिया, उसको फिर हम क्यों रक्खें" लावण्य को बोली, "सौन्दर्य को कहो अपना रस्ता ले, उस को घर में रख कर वृथा हम लोग क्यों दोषी हों?" लावण्य रोते रोते बोली, "सखी को हम नहीं निकाल सकेंगे यदि सखी को घर से निकाल दोगी तो जो दशा सखी की वही हमारी। हम भी न रहेंगे।" सौंन्दर्य बोली,

"सखी! हमारे कारण क्यों लोगों का तिरस्कार सहोगी? जिस पर भगवान् बिमुख हैं उसका मनुष्य क्या कर सकता है?" लावण्य ने नहीं माना सौन्दर्य को लिपट कर रोने लगी। सौन्दर्य भी रोई। धन्य लावण्य! धन्य! धन्य!! तुम्हारे हृदय में ही पवित्र प्रणय है। तुम रमणी रत्न हो धन्य तुम्हारा प्रेम। धन्य तुम्हारी बन्धुता॥

षोड़श स्तवक

नैराश्य का आश्रय।

लावण्य ने सौन्दर्य को अपने घर रखने की बड़ी चेष्टा

किया, किन्तु कृतकार्य नहीं हुई। ग्राम के दुर्जन दुष्ट लोगों ने उस पर अत्याचार आरम्भ किया। इससे माता के तिरस्कार से उसके मन की आशा पूर्ण नहीं हुई। निराश होकर उसी ग्राम में अपने किसी नातेदार के घर सौन्दर्य को रख दिया। दुःखिनी सौन्दर्य वहीं रहने लगी। लावण्य ने अपनी एक विश्वासी दासी को उसके पास रख दिया, वह दासी उसकी सेवा में नियुक्त रही। लावण्य भी सदा सर्वदा उसको देखने आती थी। सौन्दर्य के निराश हृदय में फिर कुछ आशा हुई। ग्राम छोड़ जाना यह उसकी को इच्छा नहीं थी। ग्राम की बहुत सी स्त्री लोग सौन्दर्य को समझाने आती थीं। सौन्दर्य उन्ही लोगों को देखा सुखी होती थी। किन्तु जिस समय ग्राम का अत्याचार स्मरण होता तो उसका हृदय कांपने लगता था। सौन्दर्य जब अकेली रहती उसी समय रोती थी। हीरालाल के कारण उसका हृदय रोता था। हाय! जिस हीरालाल को देख देख कर जी नहीं भरता था, उसी ने हीरालाल को आज कई दिन नहीं देखा। फिर कभी देखेगी ऐसी आशा भी नहीं है, सौन्दर्य इतनी दुर्दशा में पड़ कर भी जिस समय हीरालाल के मुख का स्मरण करती थी. उस समय समाज का समस्त उपद्रव समस्त अत्याचार भूल जाती थी

सौन्दर्य हीरालाल को प्राण से भी अधिक चाहती थी किन्तु इतना चाहकर भी उसने हीरालाल को आत्म

समर्पण नहीं किया। मन मन में चाहती थी प्राण प्राण से पूजा करती थी, एक घड़ी बिना देखे नहीं रह सकती थी, प्राण व्याकुल हो उठता था, हृदय फटने लगता था, कलेजा उमड़ने लगता था, किन्तु इतने पर भी उसने हीरालाल को अपना सतीत्व रत्न नहीं दिया। धर्म्म भय के प्रबल स्रोत से चाह बह गई। भारत तुम्हारी इतनी दुरवस्था हुई है। तुम्हारे जीवन के समस्त सुख को तुम भूल गए हो, इस दुखी दिनों में तुम्हारे अहंकार की कोई वस्तु नहीं है, किन्तु अभी तक ईश्वर एकमात्र रत्न रक्खे हुए हैं। भारतीय रमणीयों का सतीत्व। भारत! हतभाग्य भारत! तुम्हारे कापुरुष सन्तान लोग तुम्हारे शुभ्र वर्ण में स्याही अर्पण करते हैं, किन्तु तुम्हारी कन्यागणों ने तुम्हारे उज्वल मुखमें स्याही अर्पण नहीं किया। अभी तक उनका सतीत्वरत्न भारत की शोभा बढ़ा रहा है। हे सती रमणी गण! तुम लोग धन्य हो। धन्य! तुम्हारे धर्म्म भय। तुम लोग हिन्दुओं के तापदग्ध सन्सार की लक्ष्मी स्वरूपिणी देवी हो॥

सप्तदश स्तवक ।

प्रवास ॥

जिस समय मनुष्य का दुर्दिन आता है, मित्र, भी शत्रु हो जाते हैं । जिनको परम अपना समझते हैं, वह भी पराए हो जाते हैं । सुख की वस्तु उस समय सुख नहीं देती, सुख छिपाती है । समस्त दुःखमय जगत शून्यमय लगता है । जिधर देखो उधर ही दुःख की छबि दिखलाई पड़ती है । सुख ! उस समय तुम भी साथ छोड़ देते हो कहां छिप बैठते हो ? दुःख ! तुम तो बे बुलाए चले आते हो, मन सदा दुःख के घनघटा से छिपा रहता है । सुख सो तो मिलता ही नहीं ॥

हम लोगों की दुःखिनी सौन्दर्यमयी के द्वितीय निर्वासन से भी दुःख का शेष नहीं हुआ । उसका दुःख और भी बढ़ा । जो लोग सहर में रहते ; वे लोग ग्राम के दलीलों की बातें अच्छी भांति नहीं जानते हैं । सौन्दर्य बिचारी ! लावण्य के एक जाति के घरमें दुःख से दिन काटती थी । ग्राम के लोगों ने वहां भी उसका पीछा

किया। ग्राम की स्त्रियां जोकि सौन्दर्य को समझाने और दिन काटने आती थीं, सो समाज के दुष्ट भण्ड पण्डितों से नहीं सहा गया। यह भयानक मन्दकार्य है, जिसमें इसका निवारण हो, ऐसी चेष्टा होने लगी। अपनी अपनी स्त्रियों को मना करने का साहस नहीं हुआ। पीछे सभों ने परामर्श किया, सौन्दर्य इस ग्राम में भी न रहने पावै। उसके रहने से सब स्त्री उसके पास जाएंगी। असती के साथ बात करने से इन लोगों का भी चरित्र नष्ट होगा। इससे सभों ने मिलकर सौन्दर्य पर अत्याचार आरम्भ किया। सौन्दर्य ने देखा अब निरुपाय, सब ही उसकी शत्रु हुई। अबला असहाया बालिका का और कौन सहाय होगा? सौन्दर्य के पिता ने देखा महा बिपद, तब समाज बन्धु, रामदास ने स्थिर किया, सौन्दर्य कुछ दिन के लिये ग्राम छोड़ दुसरे स्थान रहै। पीछे जैसा होगा देखा जाएगा। धन्य रामदास! धन्य तुम्हारा पितृस्नेह। अभागिनी सौन्दर्य क्या करै? विदेस बास करने चली। बिलासपुर से पांच छ कोश दूर देवनन्दपुर नाम का एक ग्राम था, वहां सौन्दर्य के दूर नाते की एक मातामही रहती थी। उसका दूसरा कोई नहीं था। सौन्दर्य वहां रहने गई॥

पिता, माता, ग्राम, बालसखी, लावण्य को छोड़ जाने में उसको क्या दुःख हुआ, सो सहृदय पाठक! पाठिका को कहना न होगा। उस समय सौन्दर्यमयी

का क्रन्दन और बिषादमय मुख देखने से पाषाण भी बिदीर्ण होता ; किन्तु रामदास को जरा भी स्नेह नहीं हुआ। हाय ! लज्जावती के स्नेह की बस्तु कहां चली उसके सजल मुख को अब कौन पोंछेगा ? उसके दुःख में कौन दुःख प्रकाश करेगा ? भारत ! तुम्हारे ऊषर हृदय में कमल का बिकास क्यों होता है ? अधम, नीतिशून्य समाज ! तुम्हे कौन बिज्ञ कहता है, और हे संसारी ! जो अबला के दुःख को नहीं समझता उसको सन्सार में रहना उचित नहीं है ॥

——***——

अष्टादश स्तवक ।

——***——

मन को बात ।

सौन्दर्य मातामही के घर रहने लगी । बृद्धा उसको अपनी दौहित्री के भांति चाहने लगी । किन्तु सौन्दर्य के हृदय में भीषणाग्नि रात दिन जलती थी । मातामही का सामान्य स्नेह उस अग्नी को नहीं बुझा सका सुस्क

(५१)

तृण की भांति जल गया॥

सौन्दर्य का आहार निद्रा सब छूटने लगा। इस जगत की कोई वस्तु पर मन नहीं। सदा विषण्ण उदास विकल बैठी रहती है। उसका वह अपूर्व रूप लावण्य नहीं है। सुवर्णप्रभा कृष्णवर्ण हो गई। चन्द्र को राहु ने ग्रास किया। दिन रात निर्ज्जन में रोती और दीर्घ श्वास लेती है॥

हीरालाल का विच्छेद, पिता माता का अदर्शन दुःख उसको असह्य हुआ। नवनीत हृदय गलने लगा। दिन दिन देह सूखने लगा॥ हृदय टूटने लगा। सौन्दर्य जीर्ण शीर्ण भयानक रोग से पीड़ित हुई॥

दिन दिन उसका रोग बढ़ने लगा। उसकी यह दशा देख उसकी मातामही ने उसके पिता माता को समाचार दिया। रामदास और लज्जावती यथा समय यहां पहुंचे। रामदास का हृदय कैसा भी कठिन क्यों न हो, किन्तु आज सौन्दर्य की इस अवस्था को देख उसका भी हृदय फटने लगा॥

इस समय सौन्दर्य शय्याशायी। शय्या से उठने की शक्ति नहीं है। मुख से बात नहीं निकलती, अति कष्ट से बोलती है ज्वर एक बार भी नहीं छूटता, अति दुर्बल हो गई है। डाक्तरों को पूछने से वे भी कुछ साहस नहीं देते। रामदास विमर्शित और स्तम्भित हुआ। लज्जावती की आखों से आंसू एक बार भी नहीं ठहरता।

(५२)

सन्ध्याकाल घर में एक दीप बल रहा है। सौन्दर्य पलङ्ग पर लेटी है। शिरहाने लज्जावती बैठी है। सौन्दर्य रोग की यातना से अधीरा हो रही है। एक दीर्घश्वास लेकर बोली " मा ! "

ल। बेटा !

सौन्दर्य चुप हो रही। लज्जावती ने देखा, उसकी दोनों गालों से बहकर दो धार गिरने लगो। बोली—सौन्दर्य ! काहे रोती है ?

सौन्दर्य ! एकदीर्घ श्वास लेकर बोली, " मा ! "

ल। बोल बेटा ! क्या बोलती है ?

सौ। अब तो समय आ गया।

ल। बेटा ! ऐसी बात मुख से मत निकाल। तेरे दुश्मन का आवै।

सौ। मा ! अवस्था देख नहीं पहिचानती ? अच्छा इस समय एक बात सुनोगी ?

लज्जावती ने आंखों में आंसू भर कर पूछा, " बोल ?, " सौन्दर्य माता का हाथ अपने हाथ पर रख कर नेत्र में आंसू भर कर बोली, "मा ! एक बार" गला बन्द हो गया मुख से बात नहीं निकली आंख से आंसू गिरने लगा। लज्जावती उसकी आंख पोंछ कर बोली।

" हीरालाल को देखेगी ? "

सौन्दर्य चुप रही।

ल। हम अभी खबर देते हैं।

सौ। कहा ?

अब लज्जावती झंकट में पड़ी बोली, "ठिकाना तेरे पिता को मालूम होगा।" सौन्दर्य एक दीर्घस्वास लेकर बोली, "और"

ल। क्या ?

सौ। लावण्य हरिदास को भी बुलाओ।

सौन्दर्य की वृद्धा मातामही को उसके पास बैठा कर लज्जावती वहां से चली गई।

उनविंश स्तवक।

शेष उपाय।

रामदास बैठक में बैठा था। लज्जावती वहीं आई। रामदास ने पूछा, "सौन्दर्य कैसी है ?"

लज्जावती दीर्घश्वास लेकर बोली, "उसी भांति; डाक्तर ने क्या कहा ?"

रा। आशा नहीं है।

लज्जावती रोते २ बोली, "हे परमेश्वर! जगत में एक सौन्दर्य के बिना दूसरा हमारा कोई नहीं है। दयामय अन्धे की छड़ी! हमारी प्राणसर्वस्व का क्या होगा ? हम

तो केवल उसी के चारु मुख को देख जीते हैं। हा ! देशाचार! हा समाज ! तू ने हमारा सर्वनाश किया। एक निःरपराधी अबला का सब सुख नष्ट किया। हा ! ईश्वर हमारा यह मर्म्मभेदी रोना क्या तुम्हारे चरण को स्पर्श नहीं करेगा ? दया मया शून्य अन्धसमाज का क्या चेतन न होगा ?

रामदास बोला; "रोओ मत अब तो कोई उपाय नहीं है।"

ल। क्यों नहीं है ? ईश्वर करे हमारी सौन्दर्य जीवै उपाय बहुत है।

रा। अवश्य।

ल। एक काम कीजिए। सौन्दर्य हीरालाल को देखने के लिए व्याकुल है। जैसे बने बुलाइए।

रा। उपाय ?

ल। हम स्त्री हैं, हम क्या बतावें, जिस में अच्छा हो कीजिए॥

रा। वह कहां है हम नहीं जानते।

लज्जावती का मुख सूख गया बोली; "तब क्या करें ?"

रामदास दीर्घस्वास लेकर बोला, "क्या करें ?"

ल। सौन्दर्य जीएगी ऐसी आशा नहीं है। उसको अन्त में तो सुखी कीजिए।

रामदास चुप रहा। लज्जावती बोली; "चिंता करके कोई उपाय देखिए" मैं उसके पास जाती हूं।

रा। जाओ

ल। हां लावण्य को भी समाचार भेजिए।

रा। अच्छा।

लज्जावती वहां से चली गई। रामदास उदास चित्त से कुछ देर चिन्ता करने लगा। एक दीर्घश्वास लेकर चित्त में बोला; "हाय! हम क्या मूर्ख हैं। हमने समाज के भय से इस जन्म के समस्त सुख को नष्ट किया। सौन्दर्य का जीवन न रहा तो; फिर संसार से क्या काम? तब हम समाज ही लेकर क्या करेंगे? हाय! सौन्दर्य ईश्वर कृपा से तुम अच्छी हो जाओ तो अब को हम तुम्हारे पिता का कार्य करेंगे। तुम्हारे मन की बासना को पूर्ण करेंगे नहीं तो हमारा भी शेष है, जिस दिन तुम्हारे जीवन का शेष होगा उसी दिन हमारे भी जीवन का शेष है। हाय! अब दु:ख नहीं सहा जाता। दुइ नयन जल पोंछ कर कुछ चिंता कर बोला; हीरालाल! "साधारणी पत्रिका" चाह से पढ़ता था अब भी पढ़ता होगा। साधारणी में एक बिज्ञापन देकर देखें। ईश्वर हमारे अन्तिम समय; हमारे जीवन दीप निर्वाण होने के पूर्व; हमारी यह सामान्य आशा पूर्ण करें।"

रामदास ने सारधारणी पत्रिका में यह बिज्ञापन भेजा।

"ही—ल—हमारे अनुरोध को रक्खो—सौ—र्य का अन्तिम समय निकट तुम को देखने को बिकल है। देवनन्दपुर मातामही के यहां आना।"

श्री—रा—दा ।

विंशत स्तवक ।

—:○:—

लावण्य ।

इस समय लावण्य अपने स्वशुरगृह में है । स
न नौ घड़ी—पूर्णयौवना स्वामीप्रेममुग्धा लावण्य
गृह के मकान के खिड़की में बैठ; भागीरथी के त
क्रीड़ा को देख रही है । इतने में दासी साधारणी
देकर चली गई ।

लावण्य साधारणी पत्रिका पढ़ने लगी । थोड़ी
ढ़तें ही रामदास के विज्ञापन को देखा; उस का
मने लगा । शरीर अवसन्न हुआ । लावण्य ने उस
का कई एक बेर पढ़ा; रोते २ बोली; " हा ईश्वर द
सखी के समस्त दुःख का शेष क्या इसी उपाय से
हा सौन्दर्य ! प्राणाधिका प्रियसखी सौन्दर्य ! तुम्हा
मुखशशी अब न देखेंगी ? वह सुन्दर २ वाक्यसु

कर्ण को परितृप्त न करेगी ? लावण्य रोने लगी । वहां हरिदास आया । प्रणयिनी के नेत्र में आंसू देख उसका चित्त बिकल हुआ । बोला: "प्यारी क्या हुआ ?"

लावण्य ने दीर्घस्वास लेकर उसको विज्ञापन दिखाया ।

हरिदास स्थिर नेत्र से पढ़कर बोला; "अब उपाय ?"

ला । ईश्वर ।

ह । देवनन्द पुर यहां से दूर नहीं है; हम जाते हैं सौन्दर्य को देख आवैं ।

ला । हम भी जाएंगे ।

ह । उत्तम ।

ला । देखो जब से विज्ञापन पढ़ा है; हमारा चित्त बड़ा घबड़ा रहा है; ईस्वर करे हमारी प्यारी सखी आरोग्य हो जाय ।

इतने में दासी ने आकर लावण्य के हाथ एक पत्र दिया । लावण्य शीघ्रता से उसको खोल कर पढ़ने लगी ।

पत्र में यह लिखा था ।

प्यारी बेटी लावण्य !

सौन्दर्य का अन्तिम समय उपस्थित । हमारी स्नेहमयी सौन्दर्य समस्त यातना छोड़: अनन्तनाथ का अनन्ताश्रय लेगी । उसके आरोग्य होने की यथासाध्य चेष्टा की जाती है; किन्तु इस यात्रा की रक्षा होनी कठिन है । सौन्दर्य की एकान्त इच्छा इस अन्तिम समय में तुम से और हीरालाल

से एक घड़ी के लिए ईक्षि साक्षात् करें । तुमको अधि का लिखना बाहुल्य मात्र है । इस समय हम लोग देवनन्द पुर में हैं ।

शुभानुचिन्तक ।
श्री रामदास

लावण्य बोली— " प्यारे अब क्यों विलम्ब करते हो ? " अभी चलने का उद्योग करते हैं । " कहकर हरिदास वहां से चला गया ॥

एकविन्श स्तवक ।

आशा सफल ।

प्रणय की एक अपूर्व अनिर्बचनीय क्षमता होती है । जो सरल मन से प्रणय करते हैं वही जानते हैं । मानव का मन, शोक, दुःख, ताप, सब सह सकता है । किन्तु जिस समय प्रणयी के दर्शन को लालसा से उद्विग्न होता

है उस समय व्याकुल हो जाता है । किसी भांति स्थिर नहीं होता । प्रियजन के मिलने बिना उसको सन्तोष नहीं होता ॥

सरलप्राणा लावण्य इस समय सौन्दर्य के बिना संसार में अंधेरा देखने लगी । लावण्य और हरिदास तीन बजे दिनको देवनन्द पुर पहुंचे । जब सौन्दर्य के मातामही के घर उपस्थित हुए उस समय सौन्दर्य निर्जीव वत् शय्या में पड़ी थी, लावण्य और हरिदास को देखकर उसका प्रभाहीन मुख कुछ प्रभामय हुआ । सौन्दर्य ने खुशी से लावण्य के हाथ को अपने हाथपर रक्खा । लावण्य स्थिरदृष्टि से सौन्दर्य को देखने लगी । उसकी यह भयंकर अवस्था देख लावण्य का हृदय कांपने लगा ॥

सौन्दर्य की शय्या के पास लज्जावती बैठी थी, हरिदास को देखकर वहां से चली गई । हरिदास बोला, " सौन्दर्य शरीर कैसा है ? " सौन्दर्य ने एक दीर्घश्वास लिया । कुछ बोली नहीं रोने लगी । हरिदास ने देखा अवस्था अतिशय मन्द है । चिकित्सा सम्बन्ध में कुछ बातें करने रामदास के पास गया ॥

ला । प्यारी कैसी है ?

सौ । अब कैसे ? अब मरना ही मङ्गल है ॥

ला । राम ! ऐसी बात मत बोल् ॥

घनमेघराशी में चणिक चपला बिकाश के भांति सौन्दर्य हंसकर बोली; " सखी ! हमारे लिए राम ? "

ला। तू क्या है ?

सौंदर्य जड़ित स्वर से बोली;

"हम संसार की कण्टक हैं।"

ला। तू संसार की अमूल्यरत्न है। तेरा मूल्य कौन समझेगा॥

सौ। सखी हमारी अब जीने की इच्छा नहीं है; तुमको देखकर प्राण शीतल हुआ और एक इच्छा है किन्तु वह ईश्वर पूर्ण नहीं करेगा।

ला। ईश्वर को असाध्य कोई कार्य नहीं। तू घबड़ा मत हीरालाल अवश्य आवेगा॥

सौंदर्य रोने लगी बोली; "उनको क्या यह सम्बाद मिला होगा ?"

ला। अवश्य मिला होगा। साधारणी में विज्ञापन दिया गया है।

सौंदर्य का हृदय एक बारगी दब गया, बोली, "मनुष्य नहीं गया ?"

ला। हीरालाल कहां है, उसका ठिकाना कोई नहीं जानता॥

सौ। ईश्वर भला हमे सुख से मरने देगा ? यह भी क्या उसके शास्त्र में है ? सखी हम हीरा को देखने पावेंगी यह तुमे विश्वास है ?

बात करते २ सौंदर्य के मुख का भाव बदल गया। लावण्य डर कर बोली; सखी ! बात मत कर पीड़ा

बढ़ेगी ॥

सौ । नहीं सखी हीरालाल के विषय में बातें करने से हमको बड़ा आनंद मिलता है ॥

लज्जावती आई । सौंदर्य का बोल बंद हुआ । लज्जावती एक दृष्टि से उसके मुख को देखने लगी ॥

द्वाविंशस्तवक।

हाय ! समस्त शेष ॥

सौंदर्य का रोग बढ़ने लगा। अब उसके जीवन की आशा नहीं है। रात्री दकादश घटिका के समय से मृत्यु का समस्त लक्षण उपस्थित हुआ । प्यास भी अधिक, नेत्र श्रीहीन, ओष्ठ शुष्क और बिकृत । लज्जावती व्याकुल हृदय सौंदर्य के सिरहाने बैठकर पङ्खा झलती है। नेत्रों से धारा बह रही है, घन घन दीर्घ स्वास ले रही है । सौंदर्य पलङ्ग पर छट फट कर रही है । एक दीर्घश्वास लेकर बोली,

(६२)

" मा ! "

ल। बेटा !

सौ। आ——

ल। सौंदर्य ?

सौ। मा ! क्या हुआ ?

लज्जावती ने समझा, यह हीरालाल की बात पूछती है, उसका स्पष्ट * * * उत्तर न देकर बोली,

" भय क्या बेटा ? "

सौंदर्य फिर दीर्घस्वास लेकर चुप रही । निद्रा आगई लज्जावती बिजन करते २ उसके मुख को देखने लगी। इतने में रामदास और लावण्यमयी हीरालाल के साथ वहां आए। रामदास का विज्ञापन छपवाना सफल हुआ। लज्जावती अति प्रसन्न हुई । हीरालाल को प्यार से वहां बैठाया। हीरालाल एक दृष्टि से सौन्दर्य को देखने लगा। थोड़ी देर पीछे सौन्दर्य को ज्ञान हुआ। वह द्युति हीन बदन ईषत् प्रभामय हुआ। वह ज्योति हीन नेत्र पुनर्बार अल्प ज्योति विशिष्ट हुआ। निर्वाणोन्मुख दीप कुछ बलने लगा। सौन्दर्य ने नेत्र खोल कर देखा।

सौन्दर्य ने हीरालाल को देखा, किन्तु वही हीरालाल है, ऐसा विश्वास नहीं हुआ। बिष्फारित लोचन से फिर देखने लगी। फिर आंखें बन्द करके निर्जीववत हो रही।

कुछ क्षण के कारण रोग शोक यातना भूल कर एक

दीर्घश्वास लिया।

लज्जावती घबड़ा कर बोली, "क्यों बच्चा दीर्घश्वास लेती है?"

सौन्दर्य ने फिर एक दीर्घश्वास लिया नेत्रों से जल बरसने लगा। हीरालाल धीरे से सौन्दर्य का हाथ अपने हाथपर रख कर बोला,

"चुप रहो रो मत।"

सौन्दर्य ने हीरालाल का हाथ धारण करके एक दीर्घश्वास लिया।

इस समय रामदास लज्जावती वहां से चले गए। लावण्य सौन्दर्य के चरण के पास बैठी रही सौन्दर्य बोली, "हे जीवन सर्वस्व धन! प्राणेश्वर हमारे मृत्यु को अब विलम्ब नहीं है, किन्तु आज हमारा आनन्द का दिन है? आज तुम्हारा वही मुख, जोकि हमारे निद्रा का स्वप्न, जाग्रत का ध्यान, दिन-रात हमारे नेत्र में हमारे प्राण में, हमारे हृदय में विराजमान है, वही प्यारा मुख देखते २ मरेंगे।"

सौन्दर्य का कन्ठरोध हुआ। हीरालाल घबड़ा कर बोला, "सौन्दर्य?" सौन्दर्य कुछ सिर ऊंचा करके आंख खोलकर बोली, "आं।"

उसका सिर तकिए पर गिर पड़ा बोली, "जल" हीरालाल ने उसके मुख में जल दिया। थोड़ी देर पीछे सौ-

न्दर्य बोली, " इस जीवन में दुःख का शेष नहीं था। ईश्वर अब दुःख का शेष करेगा। हीरालाल! हम तो जाते हैं किन्तु ईश्वर सत्य होगा और सती के सतीत्व की महिमा होगी तो पुनर्जन्म में तुम हमारे हो। "
ही। तुम क्या बकती हो ?

सौन्दर्य! मृदु हंस कर बोली, " क्या बकते हैं? अब इतना दुःख भोग कर भी जीने की इच्छा होगी?" हीरालाल रोने लगा, सौन्दर्य बोली, " प्यारे रोते क्यों हो ? उह!! जल। " हीरालाल ने जल दिया जल पीकर फिर बोली, "अन्तिम काल हृदय खोल ईश्वर से प्रार्थना करती हूं। तुम सुख से रहो। और भी कहते हैं, हे दयामय! भगवान! हमारी भांति किसी रमणी को दुःख मत देना। निठुर अन्धसमाज का ज्ञान नेत्र खुले अबला निधन का पाप देखे आ—ज—ल"—

हीरालाल ने जल दिया! जल उस के गले के नीचे भी नहीं उतरा, नेत्र स्थिर हुआ। हीरालाल घबड़ा कर बोला " सौन्दर्य ? "

सौन्दर्य के नेत्र ऊर्ध्व गए और स्थिर हुए। हीरालाल ने सौन्दर्य के हृदय में हाथ रख कर देखा, हृदय स्पन्दहीन नाक में अङ्गुली लगा कर देखा श्वास नहीं है। देखते २ सुवर्णअङ्ग स्याही होगया। हीरालाल चिल्ला उठा! लज्जावती दौड़ आई, " सौन्दर्य कहां गई रे, अरे इस दुःखिनी

को छोड़ कहां गई रे " कह कर अज्ञान हो भूमि में गिर पड़ी। प्रेममयी लावण्य चिल्ला कर रोने लगी। अश्रु धारा से हृदय भींज गया। रामदास स्तम्भित की भांति वहीं खड़ा रहा। हीरालाल सोत्सुक नेत्र, विकल हृदय से सौन्दर्य के मुख को देखने लगा। मन में सोचा, सौन्दर्य अचेत हुई है अभी ज्ञान होगा किन्तु हीरालाल की आशा सफल नहीं हुई, सौन्दर्य इस जन्म के कारण कष्ट से छुट्टी पाचुकी, हीरालाल की आशा लता दलित हुई। रामदास और लज्जावती की स्नेहाधार ने इस जन्म के कारण उनके स्नेह का उच्छेद किया। दुष्ट समाज के अत्याचार से छुट्टी पाकर अनन्तनाथ का अनन्ताश्रय लिया।

हे दीनानाथ! तुम क्या अबलाओं पर कृपा दृष्टि करोगे? तुम्हारे बिना अबलाओं का नेत्र जल कौन पोंछेगा, भारत की दुःखिनी बिधवा अबलाओं का दुःख तुम्हारे बिना कौन मिटावेगा?॥

समाप्त।

प्रेम-तरंग

मल्लिकचंद्र और कंपनी

तृतीय आवृत्ति

कविवचन सुधा, ९-४-७७

प्रेम-तरंग

—*—

अथ बँगला गान

प्रानप्रिब शशि-मुखि बिदाय दाओ आमारे।
शून्य देह लोए जाबो प्रान दिये तोमारे॥
करि हे बिनय हइया सदय आमारे बिदाय दाओ जाई देशांतरे॥१॥

प्राननाथ निदय हय बिदाय चेओ ना।
तोमा बिन प्रान, नाहिं रबे प्रान॥
किसे पाब त्रान आमाय बलो ना।
आमि हे अबला, ताहा ते सरला, बिरह-ज्वाला, प्राने सबे ना॥२॥

जाई जाई करे नाथ दिओ नाहे जातना।
तोमार विच्छेदे ए जीवन रबे ना॥
पुनः ए नयन शशांक-बदन करिबे दर्शन कबे ओहे बलो ना।
तोमारे ना हेरे प्रान जेकी करे कि कब तोमारे, तुमि किये भावना॥३॥

प्राननाथ बिदेशे त जेते दिबना।
जाबे जाओ कांत किंतु हे नितांत, आमारे एकांत, आर कांत पाबे ना।
तोमार विहन, ए छार जीवन, ओ प्रानधन आर रबे ना॥४॥

आर जातना प्रान सहे ना।
सदा मन उचाटन, झरिछे दु नयन,
कांत बुझिए जीवन, आमार आर रबे ना।
हाए एमन समय, कोथा ओहे रसमय,
हइया अति सदय, आछ प्रान बलो ना॥५॥

२१०

प्राननाथ देखा दाओ आसि अबलाय।
जे दुःख पेतेछि आमि, मन जाने आर,
आमि जानि आरि जानेन ईश।
जिनि के मने आमि जानाब तोमाय ॥६॥

आमार जे दशा माथ आसिया हे देख ना।
हरिश्चंद्र नाथ जार, केन हेन दशा तार,
बल ओहे गुन-मनि, आमार हे बलो ना ॥
सदा मन उचाटन, दहिते छे जीवन मन,
असह्य 'चंद्रिका' जीवने सहेना यातना ॥७॥

कोथाय रहिल सखि से गुन-मान।
विच्छेद यातना, आर जे सहेना। कि करि बल न ओ प्रान सजनी।
केमने एखन, धरिब जीवन। से कांत विहन बल ओ धनी ॥८॥

हाय बिधि एत मोरे केन निर्दय।
अमूल्य रतन करिया अर्पन, केन गो हरन ताहारे कराय।
मम प्रान-धन, हृदय-रतन रमनी-मोहन कोथाय गो जाय ॥९॥

तुमि कर के तोमार कारे बल रे मन आपन।
मिछा ए संसार माया जुड़े आछे त्रिभुवन ॥
दारा सुल परिवार संगे कि जाबे तोमार।
जखन तुमि मुँदिबे दु नयन ॥१०॥

ओरे हरि दयामय!
ए भव-जंत्रना, आर जे सहे ना।
करिया करुना, उधारो आमाय ॥११॥

२११

ओहे नाथ करुनामय !

प्रभु हरि दयामय, दया करो ए जनाय,
नामे ना कलंक रय उद्धारो तराय ॥
आमि अति मूढ़ मति, न जानी भक्ति स्तुति,
कि हबे आमार गति, बल गो आमाय ॥१२॥

मन केन रे भाव एत ।

ओई जे दिवा-निशि भावछ बसी, जेन बुधि हुए छे हत ॥
एतेक, भावना, किसेर कारन, हबे बूझि पागलेर मत ॥१३॥

आमार नाथ बड़ दयामय ।

करुना-आकर दयार सागर दयामय नाम जगत भीतर ।
एक मुखे गुन वर्णना जे भार, कहि छे 'चंद्रिका' भाविया हृदये ॥१४॥

कलिंगड़ा एक-ताला

ओ प्रान नयन-कोने चाईले परे चति कि आछे ।
आमार केंदे सोहाग जेंचे मान तोमार काछे ॥
जथा इच्छा तथा जावो, सदत हृदय रखो ।
तोमार विहन कओ, आमार के आछे ॥१५॥

सिंधु धीमा तिताला

ए सोहाग आर आमार काज नाई ।
सदत हृदय जे ज्वाला पाई ॥
हृदय दहन जायगो जीवन ।
कि करि एखन बल गोसाईं ॥१६॥

प्राननाथ कि बले छिले ।
ए दारुण ज्वाला हृदये केन गो दिले ॥

हृदय माझे त राखिब तोमाय।
सदत बलिते नाथ हे अमाय॥
से सब कथन रहिल कोथाय।
भेवे देख प्रान कि करिले॥१७॥

कोथाय रहिले प्रान एमन बरखा ते।
देख घन घन, बरिषे नयन, अबलारे भिजाते।
बल ओरे प्रान, तोमाय केान जन, शिखाले एमन आमारे काँदते॥
'चंद्रिका' जे बले नाथ कि करिले अबला बधिले बुझि हे प्रानेते॥१८॥

आदरे आदरे भालो तो छिले।
जे तोमार अनुगत तार कि करिले॥
नव जलधर तुमि तृषित चातकि आमी,
ओहे प्राननाथ कोथा बारि बिन्दू बरषिले।
प्रान-प्रिय प्रान-धन, बल जातना एमन,
'चंद्रिका' हृदये केन गो दिले॥१९॥

ओहे हरि जगतेर पति।
दया कर दयामय आमि दीन हीन अति॥
लाए छे शरण चरणे जे जन, रुष्ट कि कारण ताहार प्रति।
नाम दयाकर जगत भीतर कि हबे आमार बल गो गति॥२०॥

आशाय आशाय भालो जातना दिले।
जाओ तथा गुन-मनि जथा निशि पोहाईले॥
से धनि तोमार धनि तुमि तार प्रेमे रिणि,
बाँधा आछ गुनमनी तबे हेथा केन आसिले॥२१॥

तोमाय भुलिब केमने।
हृदय अंकित छबि अति यतने॥

दिवा निशि मुख देखि हृदय आदरे राखि,
प्रान सदा एई बासना मने ॥२२॥

एक बार भाव ओरे मन ।
शेषेर से दिन तव निकट एखन ॥
दिन दिन हीन बल मन हएछे दुर्बल,
रोगेर अति प्रबल भये भीत हएछे जीवन ॥२३॥

एतेक जीवने केन मरन बासना ।
बुझि कपालेर दोषे बिधिर विड़म्बना ॥
केन रे अबोध मन कर कामना एमन,
से दुःख तव कारन बुझि ताहा जान ना ॥२४॥

एखनि एमन हबे स्वपने छिल ना ज्ञान ।
ना होते मिलने सुखि आगे ते जाइबे प्रान ॥
जन्म जन्मांतरे जेन पाई प्राननाथ हेन ।
बिधिर काछे एई मोर शेष अकिंचन ॥२५॥

किछु सुख होलो जीवने ।
प्राननाथ भुलाएछे सेई नवीने ॥
आमार अभाव काले बिरह बेदना ज्वाले,
आघात हबे ना तार कोमल हृदय-
स्थाने एई भेवे सुखमने ॥२६॥

नव प्रेमे प्रेमी होते कर वासना ।
बल बल ओरे प्रान मोरे बल ना ॥
एई प्रेमे प्रेमी होले मम चिंता जाबे चले,
ईहा तेई जाबे मोर हृदि-बेदना ॥

२१४

तोमाय पाब जन्मान्तरे एई आशा हृदे कोरे।
प्रान जाबे आर जाबे हृदि जातना ॥२७॥

सेई जे आमाय तोमाय छिल कथा मने आछे कि ना बल।
सेई जे छिल जत भाल बासा मने आगे कि ना आछे बल ॥
कत कत छिल मने आशा कत छिल हृदे भालो बासा।
शेषे होली आशा नैराशा मने आछे कि या आछे बल ॥
हृदये दिए छ कतेक ब्यथा मने आछे कि ना आछे बल ॥
तुमि हे कि कछु किछुई जान ना मम मने आछे सब बेदना।
आमि हृदये पेयेछि ब्यथा नाना मने आछे कि ना आछे बल ॥
दिए छिल-तक 'चांद्रिका' बाजा ओहे चांद्र तव प्रेमे बाधा।
आछे मन प्रान सब साधा मने आछे कि ना आछे बल ॥२८॥

हेरिब सतत सखी कालई बरन।
मने पड़े जेन सदा से नील रतन ॥
मृगमद दिन सिरे कज्जल नयन तीरे,
नित्य नील वर्ण चीरे आच्छादित तन।
'हरिश्चंद्र' मुख सदा कृष्ण नामे आछे साधा,
से पेमे अंतर बाधा कृष्ण पदे आछे मन ॥२९॥

जाओ ओहे गुनमनि ए कि काज करिले।
आमार प्रानेर छबि काड़िते बसिले ॥
ममाधिक प्रान-प्रिय के आछे तोमार प्रिय।
आमार भाल बासा छबि कारे दिते निए छिले ॥
'चांद्रिका' बले बल ना केन करहे छलना।
रचित छबि ते मम तुमि केन हाथ दिले ॥३०॥

२१५

राखो हे प्रानेश ए प्रेम करिया जतन।
तोमाय करेछि समर्पन ॥
जत दिन रबे प्रान श्रीचरने दिओ स्थान,
हरिश्चंद्र प्रान-धन एई अकिंचन।
'चंद्रिका'-हृदय-धन नाहिक तोमा बिहन,
तब करे ते आपने करेछि जीवन मन ।।३१॥

थाकिते जीवन मन नाथ ए कि करिले।
आमार आशार प्रेम कारे तुमि दान दिले ॥
'चंद्रिका' हृदय-मन तब करे समर्पन।
तार हृदि हरिधन कारे प्राण दिते निले ॥३२॥

आमाय भालो बेशे आर तोमार काज नाई।
तुम अन्य प्रान ज्वले आमाय भालो बास बोले ॥
सदा भासि आँखि जले हृदे नाना दुःख पाई।
बिदाय दाओ गुनमनी सजब एबे सन्यासिनी ॥
हब नाथ बिदेशिनी सुख पथे दिया छाई।
हरिश्चंद्र प्रान-धन 'चंद्रिकार' निवेदन,
बासना एमन मन विदेशे ते प्रान जाई ॥३३॥

ए प्रेम राखिते केन करिछ जतनो रे।
सेई प्रेम राखा गिया जथा बाँधा मनो रे ॥
सेई विनोदिनी धनि तुमि तार प्रेमे गिणी,
बाँधा आछो गुनमनि ताहारई प्रेम-डोरे।
छाड़ो एई प्रेम आशा जाना गेल भालो बासा,
हृदय सब नैराशा 'चंद्रिकार' एखनो रे ॥३४॥

२१६

मिछा केन दिते आश प्रेमेर परिचय।
सतिनेर छबि आँकि आपन हृदय॥
प्रेम कथा बलि प्रान कोरो ना आर जालातन,
राख गिया प्रानधन ताहार जा आज्ञा हय।
हरिश्चंद्र प्रान-पति तुमिरे निर्दय अति,
'चंद्रिकार' नाहे गति जानिनु निश्चय॥३५॥

आज आमार होलो सुप्रभात।
नवीन वत्सरे पद दिल प्राननाथ॥
ओ वत्सरे दिन हेन बिधि पुनः देन जेन।
धरे ए बासना मन पूर्ण करे जगन्नाथ॥३५॥

आज किवा सुखि होलो जीवन।
बेंचे छिले ताई जीवन पाईले दिन एमन॥
प्राननाथेर जन्म दिन दिल दरसन।
देख 'चन्द्रिकार' आज किवा सुख हृदि माझे,
आनंदेर आज साज सेजे छे मन॥३७॥

कि आनंदेर दिन आज हेरिनु नयने।
इहार समान दिन नहिक ए भुवने॥
हरिश्चंद्र प्रानपति आज तारे जन्म-तिथि,
बिधि सुख दिल अति आजि 'चंद्रिका' मने॥३८॥

एई दिन पुनः हेरि मने वासना।
नवीन वत्सरे आइ पद दिले हृदिराज,
तारे सुखे राखुन प्रभु एई कामना॥
पुनः एई दिन हेरी एकांत वासना करी,
'चन्द्रिका' हृदय आज सुख उपजिल नाना॥३९॥

२१७

शुनियाछि तव कृपा पतित-गामिनी ।
पाइबे कोथाये तबे पतित आमार तुल्य,
पाप मात्र कर्म जार दिवस-यामिनी ॥
सर्वस्व स्वरूप जार मिथ्याचार व्यवहार,
हिंसा छल द्यूत मद्य मांस ओ कामिनी ॥४०॥

निभृत निशीथे सई ओ बांशी बाजिल ।
पूरित करिया बन भेदिया गगन घन,
जे काँपाईया समीरन मधुर रबे गाजिल ॥
स्तंभित प्रवाह नीर ताड़ित मयूर कीर,
झँकारिया तरुगन एक तान साजिल ।
'हरिश्चंद्र' श्याम-बांशी-स्वर कामदेव फांसी,
कुलबधु सुनियाई आर्यपथ त्याजिल ॥४१॥

कोथाय आछ ओहे प्रिय अबला-जीवन ।
प्रानधन श्याम-घन ॥
नव-नील-वर्ण-तन पूर्ण-चंद्र-निभानन ।
कूजित वंशिकास्वन प्रसन्न-बदन ॥
कर दुःख बिनाशन ओहे गोपिका-रमन ।
आशिया श्रीबृंदावन दाओ दर्शन ॥
'हरिश्चंद्र' निवेदन सुन दिया किछु मन ।
ओई पदे समर्पण आछे गो जीवन ॥४२॥

सई मजाले मजाले श्याम मजाले आमाय ।
सतत बांशीर ध्वनि करे मोरे पागलिनी,
सई काँदाले काँदाले श्याम काँदाले आमाय ॥
बाँशी ते गहन बने डाके काला घने घने,
सई मताले मताले श्याम मताले आमाय ॥४३॥

२१८

दिनचर्या

राधाकृष्ण दास की डायरी

मल्लिका का अपना अपेक्षाकृत आश्रित जीवन 3 जनवरी, 1885 को हरिश्चन्द्र के गुज़रने के साथ समाप्त हो गया। हरिश्चन्द्र के क़रीबी सहयोगी और फुफेरे भाई, राधाकृष्ण दास—उनकी बुआ के लड़के, जो उन्हीं के घर रहते थे—की फरवरी, 1885 की मासिक डायरी से मल्लिका के बारे में कुछ सूचनाएँ मिलती हैं। अपनी बनारस यात्राओं के दौरान यह डायरी मेरे हाथ लग गई। राजस्थान के वैष्णव तीर्थस्थल नाथद्वारा से मुद्रित इस डायरी में हरिश्चन्द्र के छोटे भाई गोकुलचन्द्र के एक पत्र की प्रतिलिपि भी है जो उन्होंने हरिश्चन्द्र की मृत्यु के दिन, 3 जनवरी, 1885 को लिखी थी। डायरी में उसकी नकल उसी दिन की प्रविष्टि के तौर पर है। इसमें कहा गया है कि हरिश्चन्द्र ने अपनी वसीयत में कहा है कि माधवी (उनकी एक और रक्षिता) और मल्लिका को हरिश्चन्द्र के हिस्से की सम्पत्ति बेचकर वित्तीय मदद की जाए। गोकुलचन्द्र ने, जिनसे हरिश्चन्द्र की आख़िरी इच्छा और वसीयतनामे के बारे में राय पूछी गई थी, माधवी के दावे को फ़ालतू बताया क्योंकि वह एक वेश्या थी जिसके और भी ग्राहक थे। इसके बाद वे कुछ लाइनें मल्लिका के बारे में भी लिखते हैं। वे बताते हैं कि हरिश्चन्द्र को मल्लिका से 'यथार्थ स्नेह' था। हरिश्चन्द्र उसे प्रति माह 21 रुपये दिए जाने का प्रावधान चाहते थे, जिसका पालन करने के लिए गोकुलचन्द्र राज़ी हैं, हालाँकि यह सवाल अपनी जगह है कि यह भुगतान अगर किया भी गया तो कब तक उसका निर्वाह किया जा सका। गोकुलचन्द्र जी के अनुसार, तत्काल उसके लिए एक छोटा घर (क्षुद्र गृह) और एक नौकर का इंतज़ाम करना सम्भव हो सकता है। ये सारी बातें उनके ख़त की नकल से पता चलती हैं।

—सम्पादक

श्रीमान् दिनकरो जयति.

DIARY

FOR

FEBRUARY, 1885.

BE CAREFUL FOR A MOMENT.

दिनचर्या.

'सूर्य मायांतु दिवसा मम व्यर्थाः कदापि भोः ॥
परार्थे न व्यतीता ये तान्मागणय चायुषि ॥'

—बालशिक्षा

संवत् १९४१ फाल्गुन

सन् १८८५ फ्रेबुआरी

श्रीसुदर्शन यंत्र, श्रीनाथद्वारा.

मूल्य देढ आना.

☞ पता..दिनचर्या प्रसारक, श्रीआर्यविद्यालय, उदयपुर.

श्री.

मंगला चरणं.

श्रीमान् सदेकलिंगः श्रीश्रीनाथोऽथवा नाम्ना ॥
परमेश्वरो वितनुतान्मंगल मनुताप मपहरतात् ॥ १ ॥
आर्या ननार्य कार्यान्मोचयितुं चेतु मुपदेशान् ॥
दिनचर्या गर्भः स्यात्प्रत्यग्रग्रंथ संग्रहायापि ॥ २ ॥

—o—

स्थान सूचना.

श्रीमान् आर्यविद्यालय,

विनायकशास्त्रीका स्थान.

मेवाड उदयपुर.

हे हमारे दिनचर्या संबंधी बांधवों, अब आप लोग दिनचर्या संबंधि पत्रादि सर्व व्यवहार ऊपर लिखे हुए पत्तेसे करें अन्यथा स्वीकृत न होगा.

दिनचर्या प्रसारक आर्य विद्यालय.

तारीख ९, फाल्गुन कृष्ण १०, चन्द्रवार,

सूर्योदय घं० ६ मि० २८ सूर्यास्त घं० ५ मि० ३२

बाबू रामदीन सिंह बांकीपुर के पास
चिट्ठी गई।

प्रियवर

पत्र आपका रजिस्टर्ड पहुंचा
पुस्तकों के विषय में जो कुछ हानि
आप स्वर्गीय भाई साहब कर गये होंगे
वह सर्वथा हम लोगों को माननीय है
और विशेष इसका व जानते कुछ को।
कुछ मालुम नहीं आपको यदि इसका
स्वत्व प्राप्त हो आप अवश्य और लोगों
को रोक सकते हैं इसमें हमारी कुछ आ
पत्ति नहीं। और गवाही के लिये जो आप
कहते हैं तो जो बात कि हम को विशेष री-
ति से मालुम नहीं उसमें क्या प्रयोजन।
और जो हमारे योग्य कार्य हो लिखियेगा
कृपा रखियेगा।

चै. कृ. २ सं. १९४२ } स्नेहाभिलाषी
गोकुलचन्द्र

Monday 9th February, 1885.

तारीख १०, फाल्गुन कृष्ण ११, मंगलवार, विजयाकुंभेर्क:
सूर्योदय घं० ६ मि० २७ सूर्यास्त घं० ५ मि० ३३

Tuesday 10th February, 1885.

तारीख १९, फाल्गुन शुक्ल ५, गुरुवार,

सूर्योदय घं० ६ मि० २१ सूर्यास्त घं० ५ मि० ३९

बाबू दुर्गाप्रसाद को गोरखपुर खत गया
१-३-८५
चिट्ठी बालीपतशाखा की पहुंच। प्रेरित
राय पूछी गई है। के ऊपर
१ बाली पतशाखा अनुमान ३॥ वर्ष की लिखी
इसके उस अवस्था से और वर्तमान अवस्था
से बहुत फर्क पड़ गया है तो भी उस में मुख्य
मुख्य ये बातें हैं। तो प्रत्यक्ष
(क) जो स्वधर्म में रहें
मालिका का मान पालन मेरे सहायता का
उनकी कुछ चीज जो मेरे हाथ में है बनकर
का महाराज तथा मित्रमंडली की सहायता से
करने की ताकीद की है। अब इस विषय में
मुझे यह वक्तव्य है कि मेरा शरीर और
सम्पत्ति प्रभृति जिस पर मेरा स्वत्व है मैं

Thursday 19th February, 1885.

उन्हीं को समझता हूँ। बरते वर्तमान [illegible]
इस में मेरे जान में ऐसी कोई वस्तु नहीं

तारीख २०, फाल्गुन शुक्ल ६, शुक्रवार,

सूर्योदय घं० ६ मि० २० सूर्यास्त घं० ५ मि० ४०

मालूम नहीं छोड़ गये कि किस [illegible] विक्रम से
कुछ इत्यादि प्राप्त हो यद्यपि आपने अप-
ने कृपापत्र में इस विषय में कुछ नहीं लि-
खा इससे इस समय यह लिखना अप्रासं-
गिक है तथापि आप बीती के [illegible]
[illegible] लड़ाई पर [illegible]
[illegible] था परन्तु मैं अप-
ने ऊपर उन का बोझा फर्ज समझता हूं
इस लिये मैंने उन दोनों के विषय में प-
ढ़ सोचा है।
(I) माधवी के पास अनुमान से दस स-
हस्र की पूंजी मालूम पड़ती है और उसका
भविष्य भी आपके [illegible] नहीं इसलिये उसके विषय
में मैं कुछ किया चाहता नहीं।
(II) मल्लिका पर उनको यथार्थ स्नेह था
और उसके पास कुछ विशेष सम्पत्ति भी न-
हीं मालूम [illegible] उसके लिखने के

Friday, 26th February, 1886

लिये आपातत: २५) रु० मासिक मैंने मुकर्र-
र करना चाहा है और जो कुछ [illegible] रुपया [illegible]

तारीख २१, फाल्गुन शुक्ल ७, शनिवार,

सूर्योदय घं० ६ मि० २० सूर्यास्त घं० ५ मि० ४०

[illegible] ने कहा कि नौकरका मकान खर्च प्रभृति
रद्दीमा है सो दिया गया और इस २५ रु० मासिक में
एक छोटा गृह व एक नौकर रखकर यह साद-
मी से यथा कथंचित काल क्षेप कर सकती है:
और आप से मेरी अवस्था भी छिपी नहीं है:
इससे आप निभने लायक करना योग्य है:

(आ) अपने चंदरगा के विषय में जो अभी
गत कार्तिक मास में २००००) बीस सहस्त्र मुद्रा
से चंदरगा परीपोषक हुआ है यों अब फिर जो-
ग कहते हैं कि हमारा पावना है अब इ-
सका क्या उपाय है० अलबत्त, २००) अभी भी कु-
छ मदद भेज दूंगा-

(इ) कापीराइट वा पुस्तकों का छपवाना इस-
के विषय में मैं यह सोचता हूं०

(क) जब छापे वाले चाहते हैं कि हमी
छापैं पांच स्वार्थी लोगों ने छापना भी शुरू क-
र दिया और कुछ लोग यह भी कहते हैं कि स्व-
र्गीय बाबू साहब कापीराइट दे गये हैं
इससे आप एक विज्ञापन पत्र सब प्रसिद्ध सामयिक

Saturday 21st February, 1885

पत्रों में इस आशय से दिला दीजिये, कि स्व-
र्गीय बाबू साहब के तमाम ग्रंथों का स्वत्व आपु

तारीख २२, फाल्गुन शुक्ल ८, रविवार,

सूर्योदय घं० ६ मि० १९ सूर्यास्त घं० ५ मि० ४१

तारीख के वाली पत्रकाया द्वारा मुझको प्राप्त है
इससे कोई न छापै आपने से हजो देखा है-
गा, और फिर आप सब के छपने का प्रबं-
ध कर दें यदि एक ही मनुष्य के द्वारा सब
ग्रंथ छपना दिखै तो अभी नहीं परंतु बा-
त १॥ बरस में जब सब प्रबन्ध ठीक हो
जायगा तब कुछ प्राप्त भी होगी

(ख) इस पत्र के साथ एक सूची उन के
ग्रंथों की भेजता हूं याद करके लिखा है
शायद कुछ रह गये हों इस में जो छपी हैं
उन पर कुछ चिन्ह नहीं है और जो छपी नहीं
या किसी समाचार पत्र में छपी हैं उनका (+)
चिन्ह है, जो पूरी बनी ही नहीं हैं उनका (≠)
चिन्ह है.

(ग) जो ग्रंथ अधूरे रह गये हैं भगवत
इच्छा से उनके पूरी करने का उत्साह रखता हूं.
और छापने आदि के प्रबन्ध में जो मुझ से

Sunday 22nd February, 1885

आप आशा करेंगे सम्पूर्ण रीति से सहायता
करने को उद्यत हूं और मेरी समझ में इस

तारीख २३, फाल्गुन शुक्ल ९, चंद्रवार,

सूर्योदय घं० ६ मि० १८ सूर्यास्त घं० ५ मि० ४२

सब का खर्च फिलहाल बनारस ही में रहना ठीक है-

(घ) मल्लिका के निकलने का भी प्रबन्ध किया गया है दीवान का नंबर आशा है कि कल परसों तक निकल जावे-

२ और समय में महाराज काशीराज या और मित्रों से मल्लिका के लिये सहायता मांगना अनुचित है-

अब मैं इस पत्र को समाप्त करके आशा रखता हूं कि अनुग्रह पूर्वक इस विषय में जो उचित हो वह आप आज्ञा करेंगे और मुझे सदैव अपना अनुगत समझते रहेंगे और कुशलवार्ता लिख कर आह्लाद देते रहेंगे-

3-1-85 अनुग्रहीत
गोकुलचन्द्र

Monday 23rd February, 1885.

तारीख २४, फाल्गुन शुक्ल १०, मंगलवार,

सूर्योदय घं० ६ मि० १८ सूर्यास्त घं० ५ मि० ४२

सूची

२८ [illegible]
30 जयदेव जी का जीवन
८० प्रेम प्रलाप का० कु० अनुवाद
८१ प्रेम सूत्र
८४ कृष्ण का मंगल का० कु०
८५ रिपन का जस
८१ रामानुज स्वामी का० कु०
८२ कालिदास का जीवन चरित्र
८३ [illegible] स्वामी का जीवन चरित्र
८६ माधुरी
८८ भारतेन्दु कला
१०३ सर्वमत दर्शन संग्रह
१०४ युगल सूत्र
५ [illegible]
६ ज्ञान चक्र और अनुवाद
७ पंचायत

Tuesday 24th February, 1885.

८ ब्रह्म सभा
९ राम लीला

तारीख २५, फाल्गुन शुक्ल ११, बुधवार, आमलकी

सूर्योदय घं० ६ मि० १७ सूर्यास्त घं० ५ मि० ४३

१० बाला [illegible]

११ पुरावृत्त संग्रह

१२ प्रेम प्रलाप २ खंड

१३ बूंदी का राजवंश

१४ उदयपुरोदय

१५ तहकीकात पुरी की

१६ भागवत टीका

१७ श्री भागवत का उल्था

१८ हिंदी भाषा

१९ हिन्दी पर लेक्चर

२० [illegible] " " ——

२१ भारतवर्षोन्नति ——

२२ ~~नहुष प्रबंध~~

२३ एक कहानी कुछ आप बीती कुछ पर बीती

२४ देवी छद्म लीला

२५ मेहंदी

२६ पंच कोशी के मार्ग का विचार

२७ [illegible] विचार सभा का अधिवेशन

२८ ~~[illegible]~~

Wednesdsy 25th February. 1885.

२९ [illegible]

३० [illegible] ——

३१ श्री जी द्वार ——

तारीख २८, फाल्गुन शुक्ल १४, शनिबार,
सूर्योदय घं० ६ मि० १५ सूर्यास्त घं० ५ मि० ४५

Saturday 28th February, 1885.

सूचना और नियम.

(१) इसका अग्रिम उपायन प्रापण मूल्य (पोस्टेज आदि) सहित १~ वार्षिक है पाश्चात्य उपायन लेना इष्ट नहीं.

(२) इसके लेखक दोही होंगे एक मैं और दूसरा मेरा मित्र.

(३) यह दिनचर्या विना उपायनके भी थोडेसे मान्य रसिक लोगोंको दी जायगी परंतु जो वैसेही माने जावें.

(४) पत्र पत्रिकागण इस दिनचर्याको भगिनी समझ जो पर स्पर गृहागमन करना चाहें तो दिनचर्या भी उपस्थित है. इसकी समालोचना वही लिखे जो अक्षर अक्षर सत्य लिखे क्योंकि दिनचर्यासे और असत्यसे परम वैर है.

(५) एजंटोको एक एक प्रति विना उपायन मिला करेगी.

(६) श्रीमान् राजा महाराजाओंको उनकी मान्यता और प्रतिष्ठाके अर्थ चौगुना उपायन अर्थात् ४॥ रुपये, प्रापण व्ययके विना वार्षिक देने होंगे. गत अंकोको जो लेना चाहे उसेभी इसी गणित (हिसाब) से देना होगा.

(७) इन पूर्वोक्त ६ नियमोंका विशेष देखना हो जनवरी सन् १८८५ की दिनचर्या देखो.

दिनचर्या प्रसारक आर्य विद्यालय.

भारतेंदु भी भारतके भारसे दूर हुए!!

भारत्या भारतोपकारक श्रीमान् भारतभूषण भारतेंदु श्रीहरिश्चंद्रका तारीख ६ जान्युआरी माघकृष्ण ६ मंगलकी रातको दसबजे उदयसमयमें अस्त हुआ! इसके विषयमें जितना हम लिखे उतनाही थोडा है. कारण इस अनाथा हिंदीके सौभाग्यकी भाग्यसीमा इन्ही महात्मा पुण्यशरीरसे थी. परमेश्वर इनके सद्व्यवसाय वा परोपकरण प्रवृत्तिके परिश्रमका पुरस्कार इन्हे प्रसन्न भावसे दे.

नेह के दिवाने

• राय कृष्ण दास

नेह के दिवाने

▫ राय कृष्ण दास

भारतेंदु जी और मल्लिका (लगभग १८७३ ई.)

भारतेंदु जी के सर्वथा अप्रकाशित संस्मरण तो आप पढ़ ही चुके हैं. इस विशेषांक में भारतेंदु जी के जीवन के एक महत्वपूर्ण पहलू पर राय कृष्ण दास जी द्वारा प्रकाश.

भारतेंदु जी ने सार्वभौम महत्ववाली घटनाओं की एक समयसारिणी (शब्दांतर से घटनावली—क्रॉनालॉजी) निर्माण की है, जिसका नाम है—**'कालचक्र.'**

यह पुस्तिका उनके जीवन में प्रकाशित न हो पायी. उनके गोलोकवास के उपरांत, उनकी अन्य समस्त कृतियों के साथ खड्ग विलास प्रेस, पटना में मुद्रित हो कर प्रेस के स्वामी स्व. रामदीन सिंह (जिन्होंने अपनी व्यावसायिक चातुरी से भारतेंदु जी की सारी रचनाओं का स्वत्व हस्तगत कर लिया था—खैर, वह दूसरा किस्सा है) द्वारा प्रकाशित हुई.

इस 'कालचक्र' में भारतेंदु जी १८७३ ई. की केवल एक घटना को विश्वव्यापी महत्व की लिखते हैं—

"हिंदी नई चाल में ढली (हरिश्चंद्री हिंदी)."

१८७३ ई. वह साल था जब

माधवी

भारतेंदु जी और माधवी (शुद्धि के पहले १८७६ ई.)
(● भारत कला भवन, बनारस के सौजन्य से)

भारतेंदु जी ने 'हरिश्चंद्र मैगजीन' निकालना आरंभ किया. मैगज़ीन का पहला अंक अक्तूबर, १८७३ ई. में प्रकाशित हुआ. और सचमुच उसकी हिंदी सर्वथा नवीन और कमनीय थी; पूर्णतः रमणीय भी.

इसके पहले हिंदी की मात्र दो शैलियां विद्यमान थीं. एक का नाता लल्लूजी लाल कवि की भाषा-नीति से जुड़ा था, जिसकी परंपरा राजा लक्ष्मण सिंह की परंपरा तक चली. यह नीति थी, मात्र स्वदेशज शब्दों का प्रयोग. ऐसी भाषा-नीति को एक प्रकार की बेड़ी कहा जा सकता है.

दूसरी शैली का प्रवर्तन राजा शिवप्रसाद ने किया, जो उक्त भाषा-नीति के बिलकुल बरक्स थी—अपने शब्दों को कारागार में अवरुद्ध कर के पराये शब्दों को ही उन्होंने अपनाया. यद्यपि संस्कृत शब्दों के प्रति उनका क्या भाव था, यह उनकी कृतियों के नामों से स्पष्ट हो जाता है—भूगोल-हस्तामलक, इतिहास-तिमिरनाशक और मानव धर्म-सार इत्यादि.

राजा साहब की इस भाषा नीति से यद्यपि भाषा का विकास बिलकुल जकड़ →

गया फिर भी एक बहुत बड़ा काम यह हुआ कि देवनागरी लिपि का शिक्षा विभाग से उन्मूलन असंभव हो गया. यह राजा साहब का ही बूता था कि इसके विरोधी तत्वों को बिलकुल परास्त कर दें. इसके लिए हम राजा साहब से कभी उऋण नहीं हो सकते. परंतु लिपि की सुरक्षा कोई अर्थ नहीं रखती जब तक उसका प्रयोग उस भाषा के लिए न हो, जिसे जनता आत्मसात कर सके, केवल मनोरंजन व रसास्वादन के लिए नहीं अपितु नयी प्राण-शक्ति प्राप्त करने के लिए, उद्बोधन के लिए, नूतन प्राण प्राप्त करने के लिए, साथ ही अपने ज्ञानोत्पादन के लिए.

भारतेंदु जी ने अपनी नयी चाल में ढली हिंदी में ये सभी आवश्यकताएं पूरी करने का मात्र श्रीगणेश नहीं किया, उन्होंने अपने अनुगामियों का एक प्रौढ़ समुदाय भी निर्माण कर लिया और एक नया युग-प्रवर्तित हो गया. जनजागरण की एक विभापूर्ण प्रभातबेला समूचे हिंदीभाषी राष्ट्र में व्याप उठी. राजा साहब का जनता को सरकार का पिट्ठू बनानेवाला प्रयास पंगु हो गया.

अतएव यह हिंदी नये चाल में ढली 'हरिश्चंद्री हिंदी. १८७३ ई.' सर्वथा अन्वर्थ तो है ही, असंदिग्ध रूप से मानवता के इतिहास में एक सार्वभौम महत्व की घटना है.

भारतेंदु जी को हिंदी का जनक कहने का अर्थ इसमें निहित है.

वह मिलन-संयोग!

इसी ऐतिहासिक वर्ष ने भारतेंदु जी के निजी जीवन में भी एक नया अध्याय आरंभ किया—वे प्रेमी जीव तो थे ही, यह विधि-विधान था कि उनके प्रेम को आपूर्यमाण कर दिया, मल्लिका को उनसे मिला कर.

क्या कहा जाये, स्व. बाबू राधाकृष्ण दास एवं स्व. रामशंकर व्यास सरीखे भारतेंदु जी के निकटतम व्यक्तियों ने रोमांस पर कुछ भी प्रकाश न डाल कर इसको एक रहस्य बना दिया.

इस अध्याय की मात्र तीन बातें इदमित्थं रूप में कही जा सकती हैं—

१. मल्लिका बंगीय महिला थीं.

२. उनके पति ने उनका परित्याग कर दिया था. (पता नहीं, काशी ला कर या बंगदेश में ही.)

३. वे बंगला में 'चंद्रिका' उपनाम से कविता करती थीं.

भारतेंदु जी ने उनको पा कर जीवन में जिस पूर्णता का अनुभव किया, उसकी पहली अभिव्यक्ति यह थी कि १८७३ ई. में 'हरिश्चंद्र मैगजीन' की ७ वीं संख्या निकलने के बाद ८ वीं संख्या 'हरिश्चंद्र चंद्रिका' नाम से निकली, यद्यपि संख्या क्रम 'मैगजीन' का ही बना रहा. यही नहीं, अंतिम टाइटिल पेज पर रोमन अक्षरों में 'हरिश्चंद्र मैगजीन' भी मुद्रित होता रहा.

मल्लिका को भारतेंदु जी ने "धर्मपूर्वक ग्रहण किया." यह उन्होंने स्वयं अपने एक पत्र में कहा है, जिसे उन्होंने १८८२ ई. के अंत में मेवाड़ से अपने अनुज स्व. बाबू गोकुलचंद्र को लिखा.

ये दो प्रेमी प्राण अर्धनारीश्वर की भांति मिल कर एक हो गये. भारतेंदु जी के जीवन की सर्दी-गर्मी मल्लिका निर्विकल्प रूप से उनके जीवनपर्यंत एक सच्ची सहचरी की भांति सुखपूर्वक झेलती रहीं.

भारतेंदु जी के नाम उनका एक ही पत्र कला भवन में सुरक्षित है. स्थालीपुलाकन्याये से, उसके द्वारा हम जान पाते हैं कि उनका जीवन कितना समर्पित था. इस पत्र में एक बात और है— यद्यपि उसकी भाषा में बंगलापन है और ह्रस्व-दीर्घ मात्राओं की भूल है, किंतु लिपि हूबहू भारतेंदु जी की है. इसी से समझ लीजिए कि वे उनके रंग में कितनी रंग गयी थीं. पत्र इस प्रकार है—

"आज तीस दिन हुआ आपको खर्च के लिए हम लिखे थे, पर आप उस पर ध्यान ही नहीं दीये. कहिए तब कैसे काम चलेगा? आपको स्पष्ट २ हम सब हाल लिख कर समझा दिये पर आप कुछ भी नहीं समझते हम कैसे आपको समझायें. हमारा यहां तक अवस्था है कि समय में जो खर्च न आवें और खर्च पूर रहे उपवास तक करना पड़ेगा. असवाव जो कुछ हो वह छोड़ कर हमारे पास जो कुछ है सो आप से छीपा नहीं है आप से छीपा होगा तो वह ठाकुर जी अंतर्यामि से तो नहीं न छीपा है. आजकल हमारा केसे कष्ट से चलता है सो कसम खाकर कह सकते हैं एसा कभी न पड़ा था. जैसी इश्वरेच्छा—

आज हम को एक महीना का २१) दीजिए और उस महीना का जोकी जाता हैं मजुरीन इत्यादि का तंख्वा बड़ा वेइज्जत हो रहे हैं— बाह्मणी को रखने की हमारा अब वह २१) में सक् नहीं है— सो उसका पीछला और अबका हीसाब चुका दीजिए उसको छोड़ा दें.

खर्च के लिए बार २ लिखते हमको शर्म लगता हैं और न लिखें तो भूखे मरें यह शोच कर झख मार कर लिखना पड़ता है हमारे इस अपराधों को क्षमा कीजिएगा. ८हीं आज यदि खर्च न भेजिएगा सो कोई तरह मेरा काम नहीं चलेगा."

वह यहीं तक उनके रंग में रंगी न थी. भारतेंदु जी की साहित्यकारिता में भी उनका निरंतर योगदान था. पंच पवित्रात्मा (हजरत मुहम्मद, उनकी बेटी फातिमा, दामाद धर्मवीर अली और उनके आत्मोत्सर्गी पुत्र इमाम हसन एवं हुसैन की जीवनी) तथा दूसरी कृति, कुरान शरीफ की भाषा का बंगलापन कहे देता है कि वे मल्लिका लिखित हैं, जिन्हें भारतेंदु-प्रेमवश उन्होंने अपना नाम न दे कर अपने आराध्य के नाम से प्रकाशित कराया. इसके अतिरिक्त बंगला नाटक 'भारत माता' का हिंदी अनुवाद 'भारत जननी' जो भारतेंदु के नाम से प्रकाशित हुआ, उन्हीं का किया जान पड़ता है. संभवतः उन्होंने किसी बंगला उपन्यास का हिंदी अनुवाद भी आरंभ किया था.

भारतेंदु जी की नाट्यशास्त्र विषयक 'नाटक' नामक पुस्तक जो १८७३ ई. में प्रकाशित हुई, बहुत कुछ मल्लिका लिखित है. उसकी भूमिका का अंतिम वाक्य इसका साक्षी है—

> **"इसके निर्माण में मुझको जिस से सहायता मिली है उस को धन्यवाद देने की आवश्यकता नहीं, क्योंकि दक्षिण हस्त के परिवर्त में वाम हस्त जो कार्य करे वह भी निज कृत ही है."**

अपने जीवन में स्वयं भारतेंदु जी अपने अधिकांश प्रकाशनों के विक्रेता भी थे. यह व्यवसाय वे 'मल्लिकचंद्र एंड को.' के नाम से करते थे, क्योंकि लाभ के अधिकांश से मल्लिका का खर्च चलता था. भारतेंदु जी मात्र नाम के साक्षी थे उनका हाल यह था कि कभी चबेनें पर ही दिन काट देते, कभी उनको आदर करनेवाला श्रीमान वर्ग प्रचुर धनराशि अर्पित करता रहता.

याद का पाथेय

मल्लिका को उन्होंने अपने अंतस की कितनी गहराई में स्थापित कर लिया था, उसकी साख उनकी ये पंक्तियां भरती हैं, जो उन्होंने अपनी १८८२ ई. के अंतिम महीनोंवाली मेवाड़ यात्रा के वर्णन में उस ठिकाने दिया है, जहां उन्हें कुछ दूर पैदल चलना पड़ा था—

'बांध पर पैदल किसी को याद करते हुए चले जाते थे.'

मेवाड़ से लौटते-लौटते उनका स्वास्थ्य तेजी से बिगड़ने लगा. यक्ष्मा उन्हें बरसों पहले हो चुका था, परंतु अब दिन दूना रात-चौगुना हो चला था. रोग ने शरीर को घर लिया था, फिर भी लेखनी ज्यों-की-त्यों चलती रहती थी.

चिकित्सकों के निदेशानुसार वे एक गंगा तटवर्ती मकान में बनारस के दुर्गाघाट पर रहने लगे कि स्वच्छ वायु मिल सके. मल्लिका साथ थीं.

अपनी इहलौकिक लीला विस्तार करने के दो महीने पूर्व बलिया के आमंत्रण पर वहांवाले विख्यात ददरी के मेले में, (जो उ. प्र. के पशु विक्रय मेलों में सर्व प्रमुख है) जो ऊर्जस्वी लिखित भाषण—सो भी अंग्रेज जिलाधीश के सभापतित्व में— दिया, उसमें आज भी ताजगी बनी है, एवं १९४२ ई. की क्रांति में बलिया ने उसको चरितार्थ कर दिखाया है.

भारतेंदु का अस्त

बरसों पहले भारतेंदु जी ने 'हरिश्चंद्र चंद्रिका' का सत्व अपने मित्र स्व. मोहनलाल विष्णुलाल पंड्या को दे दिया था. उसे वे अपनी रुचि के अनुसार निकाल रहे थे. उसके नाम के साथ उन्होंने 'मोहन चंद्रिका' और जोड़ दिया था. बलिया से

मल्लिका का भारतेंदु जी के नाम कागज के दोनों ओर लिखा पत्र. (भारत कला भवन, बनारस के सौजन्य से.)

भारतेंदु जी का इत्रदान जिसमें इत्र की गंध अब भी शेष है.

लौटने पर जब भारतेंदु जी पंड्या जी से पत्रिका का स्वत्व वापस न ले पाये, तो उन्होंने 'नवोदिता हरिश्चंद्र चंद्रिका' नाम से एक पत्रिका का प्रकाशन आरंभ किया.

इसमें भी मल्लिका का पूरा योग-दान था. पाक शास्त्र पर 'कृष्णभोग' शीर्षक से एक लेखमाला 'नवोदिता' में आरंभ हुई, जिसके अधिकांश की भाषा निश्चयपूर्वक मल्लिका की है.

'नवोदिता' के मात्र दो अंक भारतेंदु जी के जीवन में निकल सके. उनका रोग बड़ी तेजी से इतना बढ़ गया कि वे घर ले आये गये और साहित्य सृजन में सर्वथा असमर्थ हो गये. खांसी, श्वास, पार्श्व पीड़ा आदि यक्ष्मा के अंतिम उपद्रव की विकलता असह्य हो उठी.

अंततः ६ जनवरी १८८५ ई. को 'भारतेंदु' अस्त हो गया.

घर के सभी प्राणियों की भांति उस समय मल्लिका भी उनके निकट थीं. उनकी विकलता का वर्णन मेरी माता जी बहुधा किया करतीं.

उपरांत, मल्लिका उस गंगा किनारे-वाले मकान में काशीवास करती हुई अपना वैधव्य काटती रहीं. मल्लिक एंड को. की आय से उनका जीवनयापन होता, किंतु यह क्रम अधिक दिन न चल पाया, क्योंकि भारतेंदु जी के ग्रंथों के प्रकाशन का अधिकार पटना के रामदीन सिंह ने अपनी मुट्ठी में कर लिया था.

भारतेंदु जी अपने जीवनकाल में ही जानते थे कि मल्लिका के लिए यह प्रतिकूल आर्थिक स्थिति उपस्थित होगी. अतएव, उन्होंने अपने प्रिय अनुज स्व. बाबू गोकुलचंद्र को लिखित आज्ञा दे रखी थी—

"जीवन भर दीनहीन मल्लिका की, जिसको हमने धर्मपूर्वक अपनाया है, रक्षा करना."

गोकुलचंद्र जी ने अत्यंत भावपूर्वक इसका अक्षरशः पालन किया.

मल्लिका का अवसान कब हुआ, इसका पता नहीं.

भारतेंदु जी की दूसरी प्रेमिका माधवी

माधवी मूलतः क्षत्रिया थी देहात की रहनेवाली. उसे गुमराह कर के उसका धर्म परिवर्तित कर दिया गया था और कोठेवाले पेशे में लगा दिया गया. मूलतः उसका क्या नाम था और कोठेवाली होने के बाद क्या नाम रखा गया, इसका पता नहीं.

इस तथ्य का बहुत दिन तक पता न था, संयोगवश कुछ क्षत्रिय गृहस्थ मुक-दमे का एक मामला ले कर भारतेंदु जी के दौहित्र स्व. बाबू ब्रजरत्न दास वकील के पास आये, जिनके द्वारा बाबू ब्रज-रत्न दास को माधवी के पूर्व जीवन का हाल मिला. किंतु स्वयं भारतेंदु जी ने इसका उल्लेख किया है जिस पर किसी ने ध्यान नहीं दिया. अभी हम भारतेंदु जी के उस उल्लेख को प्रस्तुत करेंगे.

उनसे संबंध होने पर माधवी को एक रात स्वप्न हुआ कि— तू भारतेंदु जी को साधारण व्यक्ति न जान; उनसे उपदेश ले कर पुनः हिंदू धर्म ग्रहण कर—

क्षत्रानी सों यो कह्यो
या कहं जानौ संत,
अहो कृपालु कृपालुता
तुम्हरी को नहि अंत.
(उत्तरार्द्ध भक्तमाल)

साथ ही उसकी शुद्धि के लिए भग-वान भारतेंदु जी को भी दर्शन दे कर दृढ़ता प्रदान करने लगे. उक्त दोहे के पास ही उन्होंने एक अन्य दोहे में इसका स्पष्ट उल्लेख किया है—

कबहुं प्रगट कबहूं सपन,
कबहुं अचेतन माहिं,
निज जन दृढ़ता हेत जो,
बारंबार दिखाहिं.
(वही)

भारतेंदु जी के उत्तरार्द्ध भक्तमाल की रचना १८७६ ई. के उत्तरार्द्ध में हुई. अतएव माधवी की शुद्धि उसी सन् के पूर्वार्द्ध में संभावित है. निदान, भारतेंदु जी ने उसे शुद्ध कर के माधवी नाम दिया और उसे पूजन के लिए हाथी दांत के ठाकुर जी दिये. किसी अंतरंग ने उनसे पूछा कि, आपने इसे हाथी दांत की भगवत् मूर्ति क्यों दी ? उन्होंने विनोदपूर्ण उत्तर दिया कि, यह अस्थिमय मज़ार की पूजक रही है, इसके लिए हाथी दांत के ही ठाकुर जी उपयुक्त हैं.

माधवी से उनका संबंध १८८० ई. के कुछ बाद विच्छिन्न हो गया, किंतु उसने न तो वैष्णव धर्म छोड़ा, न ही अपना पुराना पेशा अख्तियार किया. वह किसी कन्या पाठशाला में अध्यापन कर के जीवन-यापन करने लगी. बहुत इधर तक जीवित रही. लगभग १९१० ई. में उसका देहा-वसान हो गया. ■■■

भारतेंदु जी की कलम और कलमदान. (इस पृष्ठ के दोनों चित्रों के छायाकार : एस. अतिबल)

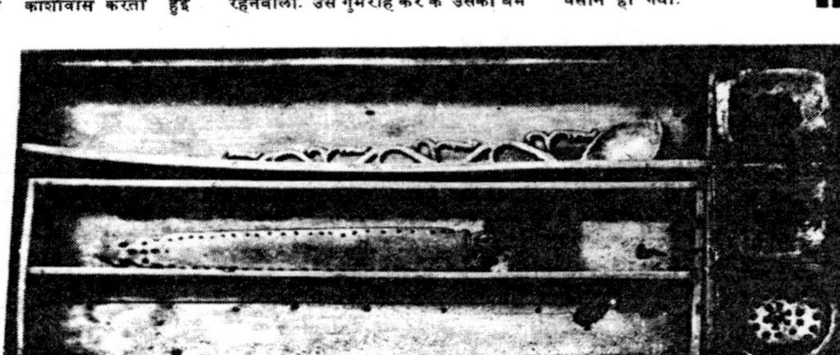